COLECÇÃO QUE PROCURA DAR SEGUIMENTO
À CONCEPÇÃO DE QUE AS IMAGENS SE
COMPLETAM COM AS PALAVRAS, EM TEXTOS
SOBRE AS IMAGENS, OS OLHARES, OS ECRÃS,
OS MODOS DE AS FABRICAR, DE AS LER E USAR.
PALAVRAS QUE POSSAM SER CONTRIBUTOS
PARA CONSTRUIR O OLHAR, PARA NOS REVELAR
MODOS DE VER.

DESENHOS ANIMADOS
DISCURSOS SOBRE SER CRIANÇA

Título original:
Desenhos Animados. Discursos sobre o Ser Criança

Capa de FBA
Ilustração de capa: © Dave Greenwood/ Photonica/ Getty Images

ISBN: 978-972-44-1368-6

Depósito Legal n.º 273598/08

Paginação, impressão e acabamento:
GRÁFICA DE COIMBRA

para
EDIÇÕES 70, LDA.
Março 2008

EDIÇÕES 70, Lda.
Rua Luciano Cordeiro, 123 – 1.º Esq.º – 1069-157 Lisboa / Portugal
Tel.: 213190240 – Fax: 213190249
e-mail: geral@edicoes70.pt

www.edicoes70.pt

PREFÁCIO DE CRISTINA PONTE

DESENHOS ANIMADOS
DISCURSOS SOBRE SER CRIANÇA

EMA SOFIA LEITÃO

Prefácio

Desenhos animados... *que pais não os reconhecem apenas pelo som, aproveitando o tempo em que "estão a dar" para evitarem as crianças, as suas perguntas e curiosidades? Que educadores e professores não comentam as suas influências "nefastas" nas falas, nos comportamentos ou nos desenhos das crianças? Que criativos não se queixam da dificuldade de os fazer num país com um mercado pequeno como Portugal? E quantos investigadores e estudantes universitários não consideram este tema como secundário e "menor" nos estudos da comunicação, da sociologia ou da economia dos* media?

Este livro contraria a tónica de desvalorização e recorre a uma escrita acessível a todos, para nos conduzir – a nós, "crescidos", pais, educadores, professores, animadores culturais, cientistas sociais interessados pelo mundo e as culturas da infância – numa incursão pelo território (des)conhecido da animação. E a viagem que a Ema Sofia Leitão proporciona tem tudo para mostrar o quanto as "ideias feitas" marcam estes formatos e narrativas.

Pesquisar sobre *crianças* e com *crianças foi o desafio conseguido deste trabalho.*

Discursos do ser criança. *Enfatizando o plural, o livro leva-nos a entrar nos "sentidos" da animação. A começar pelos próprios sentidos com que as animações apresentam as crianças, que nelas são protagonistas. As imagens de infância e os discursos de ser criança que atravessam os desenhos animados são aqui evidenciados numa linha condutora que não deixa de nos surpreender e de nos apetrechar para olhares mais críticos e menos generalistas. A continuar na atenção à intervenção activa das crianças – também plurais nas suas diferenças de idade, de género, de etnia, de contextos de vida – nos modos como se apropriam dos conteúdos e das formas e propõem novos sentidos. Nos modos também como neste estudo são participantes na própria investigação e realizam tarefas como a de "criar desenhos animados", para si mesmas e para outras.*

O livro, com base numa investigação de doutoramento realizada pela autora na Universidade de Cardiff e orientada por uma das maiores referências internacionais em análise de programas de televisão para crianças, Maire Messenger-Davies, apoia-se numa análise a três níveis, que incorpora não só a perspectiva dos criativos e das crianças mas também os conteúdos dos textos, numa proposta de leitura semiótica acessível a não especialistas na matéria.

Os primeiros capítulos enquadram de forma sólida o ambiente social em que se exprime hoje a infância, marcado pela Convenção dos Direitos da Criança, das Nações Unidas, e onde o artigo 17.° sublinha a função dos media *em assegurar materiais de fontes e origens culturais diversas. Percorrem-se os conceitos da criança não só enquanto público com necessidades especiais, mas também com competências – e o "paradigma da competência" (p. 34) sustenta aqui uma metodologia que dá voz às crianças e faz delas parceiras de pesquisa.*

Encontram-se também aqui linhas preciosas do que a investigação tem revelado sobre os usos da televisão por crianças, levantando questões sobre o acesso à literacia, o impacto dos contextos sociais, as variações nas características apreciadas por crianças de diferentes idades e sexo. A combinar com linhas da Sociologia e da Economia, juntam-se contributos da Psicologia Cognitiva, incidindo sobre os processos mentais que ocorrem na produção de sentido (na leitura) e na "necessidade de a programação televisiva ser pensada segundo necessidades de diversos públicos", como sublinha Ema Sofia Leitão (p. 83).

O holofote sobre o texto animado e sobre as condições de circulação contemporâneas, marcadas pela globalização dos mercados e dos consumos e colocando questões como a defesa de "especificidades culturais", abre perspectivas de leitura destes programas particularmente interessantes para um debate sobre culturas, contrariando clichés apressados, como os que apresentam a globalização apenas como forma de imperialismo cultural. Como escreve a autora, a globalização "é também um meio para circulação de múltiplos discursos culturais, desde que respeitada a diversidade dos conteúdos" (p. 125), questionando o estreitamento da "especificidade cultural" a aspectos do folclore e do passado histórico de um país, dado por adquirido e partilhado pelas crianças.

Os capítulos finais, onde Ema Sofia Leitão apresenta os modos como conduziu a investigação, estimulam de forma particularmente incisiva o nosso olhar sobre estes programas, fornecendo instrumentos de análise e leitura destes programas – e de outros. São assim, nessa medida, ferramentas úteis para uma literacia televisiva.

As crianças participantes na pesquisa, com as tarefas de criar e de criticar o desenho animado, revelam a sua linguagem e as suas competências comunicativas, muito mais do que o inquérito de perguntas fechadas o permite, o que também constitui um desafio para um programa de investigação com crianças. Também estimulam linhas de educação para os media, tão necessárias em contextos onde a produção de conteúdos se encontra facilitada e onde a discussão de projectos pode ancorar questões de ordem cívica e ética, que acompanham e ultrapassam o conhecimento da tecnologia.

A exploração de quatro momentos de animação, duas séries japonesas e duas séries de animação marcadas pela especificidade cultural – uma delas portuguesa – que Ema Sofia Leitão realiza permite-lhe também identificar uma particulari-

dade forte neste formato, apelativa, a "criança em demanda" (p. 169), e levá-la a sublinhar como "mais do que a diferença, é a semelhança o aspecto marcante na forma como os criativos da animação constroem os públicos infantis" (p. 191).

As notas finais são mais do que conclusões do trabalho apresentado, apontam de forma incisiva desafios não só a programadores e criativos de programas para crianças, mas também a educadores, pais e cidadãos que fazem da defesa dos direitos da criança uma questão de cidadania, e abrangem nessa medida tanto os direitos de protecção, como de provisão e de participação.

Uma obra a juntar a outras que se têm publicado recentemente sobre a produção televisiva para crianças no nosso país, onde destaco os contributos de Sara Pereira, da Universidade do Minho. Alarga-se o conhecimento deste campo, com peso considerável na economia dos media *e da infância a uma escala mundial, cresce a biblioteca em estudos de infância e televisão.*

Esta é uma leitura que nos ajuda a todos – cidadãos espectadores – a olhar de forma mais atenta para o que aparece nos ecrãs, e como se realiza ou não a diversidade – de estéticas, de personagens, de falas, de origens, de mundos. Obrigada, Sofia, por a teres realizado.

Cristina Ponte
Universidade Nova de Lisboa

The history of the study of childhood has been marked not by an absence of interest in children (...) but by their silence.

A. JAMES e A. PROUT, *Constructing and Reconstructing Childhood – Contemporary issues in the sociological study of childhood*

Agradecimentos

O presente livro é uma adaptação da minha tese de Doutoramento realizada na *School of Journalism, Media e Cultural Studies* da Universidade de Cardiff (R.U.). Devo um especial agradecimento ao departamento que me proporcionou um excelente ambiente de trabalho e nomeou a tese para o *ICA Mass Communication Division's dissertation award 2007*. A Professora Máire Messenger-Davies orientou o trabalho, seguindo atentamente todas as fases e estando sempre disponível para o debate de ideias.

Vários profissionais da animação, com destaque para as produtoras *Animanostra* e *The Right Angle*, permitiram-me explorar a criação do desenho animado para televisão em diferentes contextos geográficos.

O Centro Social e a Escola do Primeiro Ciclo do Ensino Básico da freguesia de Esgueira, no distrito de Aveiro, possibilitaram a pesquisa com crianças. O meu agradecimento a todas as crianças e aos profissionais de educação que comigo colaboraram, principalmente à Dr.ª Ana Martins e à professora Orlandina Amaral, que abriram as portas das instituições.

A Cristina Ponte, professora da Universidade Nova de Lisboa, cujo trabalho desenvolvido no sentido de dar voz aos mais novos, chamando-os a participar e alertando a opinião pública para o papel marginal que lhes é oferecido pelos *mass media*, foi e continua a ser inspirador para mim e para todos os que desbravam estes caminhos de investigação, um agradecimento muito especial pela amizade e pelo voto de confiança que representa o Prefácio que gentilmente escreveu.

Um último obrigada aos meus pais e avós pelo apoio desde sempre e ao Sávvas, por acreditar, ευχαριστώ πάρα πολύ.

Introdução

Filmes de animação para crianças e especificidade cultural

Este livro apresenta um contributo para o debate em torno da relação entre televisão e públicos infantis, um olhar sobre os programas televisivos de animação, género frequentemente criticado pelo seu carácter comercial. Outros contributos recentes exprimem preocupações com o impacto que a globalização dos meios de comunicação poderá ter no quotidiano das crianças. As grandes corporações como a *The Walt Disney Company* e a *Viacom* controlam o mercado, ditam estilos e conteúdos, adquirem pequenos estúdios de produção que apresentam produtos de sucesso alternativos. Neste contexto, os pequenos produtores locais de animação defendem a relevância e a especificidade culturais como características essenciais na consideração da qualidade dos produtos. O termo 'especificidade' é, no entanto, frequentemente usado com uma prontidão que poderá não traduzir um conhecimento profundo sobre as necessidades e os gostos dos públicos infantis.

É precisamente a relação entre o conceito, nas palavras dos criativos ([1]), 'especificidade cultural' e os programas televisivos de animação para crianças que aqui se aborda, questionando-se a forma como esta programação é e poderá ser culturalmente específica e sob que olhares. Daqui advêm outras interrogações que definem este estudo: Como é que os criativos de animação equacionam 'especificidade cultural' e como a transportam para o programa de animação? O que nos diz esta definição (ou definições) sobre a forma como constroem a infância?

Do criativo à criança, uma análise multi-direccional

Buckingham ([2]) sugeriu que uma teoria social sobre literacia televisiva se deve preocupar com a relação entre os processos cognitivos e linguísticos, inserindo-os nas práticas sociais específicas em que se situam e considerando as circunstâncias sociais e históricas determinantes. Para o autor, o acto de ver televisão deverá ser considerado como parte integrante da vida social das crianças, indivíduos membros de diferentes 'comunidades de interpretação' ([3]) com diversas orientações relativamente aos conteúdos televisivos utilizados como um meio de negociação de identidades sociais e culturais; uma abordagem a sugerir a existência de múltiplas literacias televisivas, cada uma com diferentes funções

([1]) Utiliza-se o termo 'criativo' como referência generalizada aos indivíduos envolvidos na produção do programa de animação (produtores, realizadores, desenhadores, etc.).

([2]) Buckingham, D., 1993. *Children Talking Television: The Making of Television Literacy*, Londres: The Falmer Press.

([3]) Tradução minha.

sociais e ideológicas. Buckingham propõe uma investigação para além da interpretação das experiências das crianças com os *media*, examinando, também, a forma como criativos, crianças, educadores e os próprios investigadores constroem a noção de relação entre infância e *media*.

Para responder às questões inicialmente colocadas, construiu-se uma abordagem inspirada na análise semiótica contemporânea, considerando a comunicação como um processo de codificação e descodificação de mensagens, inevitavelmente moldadas pelos contextos de produção e recepção. A animação é vista como um produto mediático que integra um constante processo de comunicação no qual os sentidos são afectados pelo que cada indivíduo traz para este processo e pelas suas pressuposições sobre o que é a infância e sobre o que deverá ser a animação para públicos infantis. As abordagens a este tema tendem para o não reconhecimento da complexidade do processo de comunicação e de produção de sentidos. Sem dúvida, grande parte das críticas à programação infantil resiste à exploração de novos ângulos da relação criança/televisão, conferindo como que uma vida própria a este meio de comunicação que surge representado como um monstro com o poder de afectar as relações familiares bem como o desenvolvimento e comportamento das crianças sem que, contudo, se questionem as condições de visionamento, produção e transmissão.

Os sentidos da animação

O filme de animação está intrinsecamente associado aos públicos infantis, assumindo-se como um produto que todas as crianças consumirão extensivamente e de forma acrítica. Como tal, é um alvo privilegiado para as críticas de pais, educadores e até investigadores preocupados com os efeitos que a violência e a orientação comercial dos conteúdos poderão ter nos mais novos. No que respeita à investigação académica, muito se tem produzido nesta área, principalmente no estrangeiro, mas poucos trabalhos têm ido para além de um interesse sobre os efeitos nocivos da televisão. Os estudos orientados para a animação centram-se ora na perspectiva educacional (disso são exemplo os trabalho produzidos no âmbito do *Sesame Street Workshop*), ora no legado *Disney* e no papel que a industrialização e comercialização do filme animado tiveram na consolidação do imperialismo cultural americano. Ao ignorarem a forma como as crianças se relacionam e usam a animação nos seus contextos sociais, estas abordagens apresentam uma análise na qual 'género televisivo' e 'público' surgem dissociados, já que a ênfase é colocada nos conteúdos ou no amplo contexto estrutural que os originou. O mesmo se sugere em relação ao estatuto marginal dos 'desenhos animados' para crianças relativamente à animação enquanto forma de arte; o género é considerado inferior devido à sua produção massificada e é visto com desdém no campo dos *film studies*.

A animação *Disney* é ainda criticada pela ânsia de reprodução da realidade, um contraste nítido com as definições de arte da animação que salientam as potencialidades subversivas do género. Porém, se a subversão é o elemento-chave na definição do filme de animação como uma forma de arte, a animação para os públicos infantis não poderá ser simplesmente ignorada, como se verá adiante, pois também neste subgénero encontramos subversão, talvez não tão patente no estilo mas antes nas narrativas. O filme de animação distingue-se pela oportunidade que proporciona aos seus autores de criar fantasias e histórias onde os protagonistas não estão sujeitos às leis da física. É certo que as personagens *Disney* são concebidas para imitar os movimentos de humanos e animais, mas não deixam, por isso, de ser fantasia; na realidade os patos não falam, as vassouras não dançam, os elefantes não voam e a princesa não retorna à vida com um beijo. Esta capacidade de transformação transporta o filme animado para além das fronteiras do real.

Tratando-se de públicos infantis, as subversões do real serão sempre bem delimitadas pelos adultos que as criam. Bazalgette e Buckingham ([4]) referem haver uma *impossibilidade da televisão para crianças* ([5]), um mundo idealizado por adultos cujos textos contêm relações de poder implícitas. Para os autores, devido à crença generalizada numa infância uniforme, onde gostos, interesses e aspirações são indistintos, é crucial entender o que os adultos querem e exigem das crianças através dos textos televisivos. Enquanto produtora de sentidos sociais, a televisão é também produtora de ideologias; de acordo com Grossberg ([6]), os *mass media* são um dos mais importantes produtores de significados e códigos, retratando pressuposições sobre valores e normas que reforçam o carácter inquestionável destes. O autor sugere que, embora não apoiando declaradamente as elites dominantes, os *media* naturalizam um

---

([4]) Bazalgette, C. e Buckingham, D., 1995. 'The Invisible Audience' in Bazalgette, C. and Buckingham, D., *In Front of the Children, Screen Entertainment and Young Audiences*, Londres: British Film Institute.

([5]) Tradução minha. *Impossibility of children's television* no original.

([6]) Grossberg, L. *et al.*, 1998. *Media Making, Mass Media in a Popular Culture*, Thousand Oaks: Sage.

conjunto de relações sociais de acordo com as relações sociais de poder. Sob esta análise, a programação infantil reflectirá as pressuposições e mitos construídos pelos adultos face a um ideal de infância. No âmbito de uma análise semiótica, os programas de animação emergem como uma representação mitológica da realidade; são construções ideológicas, produto dos valores e padrões normativos dos criativos e impostos aos públicos. Paralelamente, a *agência* (7) das crianças enquanto público surge como uma possibilidade de reconstrução dos sentidos dos textos de forma não necessariamente coincidente com os significados pretendidos pelos criativos.

No actual panorama de comercialização e pressões do mercado internacional, urge entender as construções da infância presentes nos produtos dirigidos a esse público. Claire Jenkins (8), na época *executive producer* da *HIT Entertainment*, considerava que os altos custos de uma produção de programas de animação obrigam à procura de lucros e financiamentos no mercado internacional, daí que as co-produções internacionais sejam cada vez mais a solução procurada, aumentando as probabilidades de alteração do projecto inicial na tentativa de agradar a todos os parceiros. Ainda assim, a produtora acredita que é possível manter a especificidade cultural do produto mesmo quando há necessidade de estabelecer compromissos em aspectos essenciais para agradar ao mercado internacional. Que características,

---

(7) Tradução do termo *agency* utilizado na literatura anglo-saxónica referindo-se à conduta activa dos sujeitos por oposição à atitude passiva.

(8) 11 de Setembro de 2002, *Children's television drama and fiction,* Conferência no Chapter Centre of Arts, Cardiff, Reino Unido.

então, constituem os indicadores de especificidade cultural num programa de animação? Como definir especificidade cultural numa Europa sem fronteiras, num Portugal de imigração? Para quem é a especificidade cultural relevante? Para os públicos infantis, ou para os adultos que determinam o que as crianças devem ou não consumir?

A identidade cultural é comummente definida por referência a elementos históricos e geográficos, frequentemente relacionados com a nacionalidade; esta definição é problemática num panorama de diáspora e globalização. O conceito talvez possa ser melhor entendido como um fruto das percepções de classe, raça, sexo e etnia de um povo, conceitos determinantes para a maneira como os indivíduos se posicionam no mundo envolvente. A televisão global dissemina narrativas ocidentalizadas que promovem a uniformização através do imperialismo cultural, mas a televisão global também pode promover a circulação de múltiplos discursos culturais numa escala global desde que a diversidade seja respeitada. A Declaração da UNESCO sobre Diversidade Cultural enfatiza precisamente este ponto: "[...] o processo de globalização, facilitado pelo rápido desenvolvimento das novas tecnologias da informação e comunicação, apesar de representar um desafio para a diversidade cultural, cria as condições para um diálogo renovado entre culturas e civilizações". Hall (1992) defende o mesmo argumento, sugerindo que a televisão deverá apresentar uma diversidade de representações e géneros de programas, assim como debates públicos sobre qualidade; um ponto fulcral em relação à televisão para crianças, criada por adultos em grande parte sem auscultação prévia ou conhecimento empírico das audiências.

Este livro

Aqui se apresenta um estudo sobre programas de animação em formato televisivo que resulta de três momentos distintos de análise: **a**) a perspectiva dos criativos sobre a animação para públicos infantis, os desafios do mercado global e a importância da consideração da especificidade cultural; **b**) os conteúdos dos textos, utilizando a análise semiótica para compreender a forma como os públicos infantis são abordados. Os programas seleccionados foram quatro, *Pokemon* e *Sailormoon*, ambas séries de origem japonesa fazendo ainda parte da grelha de programação do canal SIC. Os restantes programas são, do ponto de vista dos criativos, exemplos marcantes de conteúdos ricos em especificidade cultural, *The Tale of the Three Sisters who fell into the Mountain*, episódio integrante da co-produção internacional *The Animated Tales of the World* (ATW) e um episódio da série *A Maravilhosa Expedição às Ilhas Encantadas*, um exemplo raro de uma produção portuguesa; **c**) por fim, apresenta-se uma pesquisa de audiências efectuada com um grupo de crianças portuguesas, perspectivando as suas leituras e a coincidência, ou não, com as leituras pretendidas pelos criativos, bem como a forma como usam os programas de animação para construírem as suas identidades sociais.

O livro está dividido em sete capítulos. O Capítulo I é dedicado à revisão de literatura relevante para os estudos da infância e dos *media*; o Capítulo II continua a explorar o tema, abordando as questões do desenvolvimento da criança e os mecanismos pelos quais os significados são construídos mentalmente. No Capítulo III apresenta-se o modelo de análise que fundamenta a investigação sustentada num corpo teórico da área dos estudos da comunicação, em particular dos contributos da semiótica, desenha-se um modelo triangular que considera a produção e recepção de significados no circuito de comunicação formado pelos produtores da mensagem, textos e públicos. Seguidamente, contempla-se a relação entre o estudo do filme de animação, no campo dos estudos do cinema, e a animação para crianças, considerando as influências do processo de globalização na produção e distribuição da animação para estes públicos. A construção da infância e da especificidade cultural através da animação são abordados no Capítulo VI; no VII e último capítulo explora-se a perspectiva dos públicos infantis.

Primeira Parte

CONTRIBUTOS PARA O ESTUDO DA CRIANÇA-PÚBLICO

Capítulo I

Construções da Infância

A construção social infância

A Convenção das Nações Unidas sobre os Direitos da Criança coloca todos os indivíduos até aos 18 anos de idade numa plataforma de competência, reconhecendo os seus direitos como seres humanos competentes com direito à participação nas decisões relacionadas com as suas vidas. Contudo, o Artigo 12.º estabelece limites a este direito, referindo que a aceitação das opiniões das crianças está condicionada à sua idade e maturidade, uma recomendação ambígua que oferece um argumento contra o direito de decisão dos menores. No entanto, o artigo seguinte salienta o direito à liberdade de expressão e partilha de informação sem estabelecer fronteiras e limites relativos a conteúdos. Que criança estará a ser construída na Convenção? Messenger-Davies ([9]) refere

---

([9]) Meesenger-Davies, M., 2002. 'Mickey and Mr. Gumpy: The global and the universal in children's media', comunicação na confe-

que a Convenção apresenta uma criança universal construída em dois níveis: numa base psicossociológica, admite que as crianças são indivíduos competentes cujos pontos de vista não coincidem necessariamente com os dos adultos; numa base política, as crianças tornam-se agentes independentes dos seus encarregados de educação, ao mesmo tempo que lhes é conferido o direito de exigir destes protecção e sustento.

A infância não se define apenas biologicamente, é também um produto de circunstâncias históricas e sociais, e a forma como cada sociedade define o papel da criança é fundamental na construção do papel dos menores enquanto actores sociais. As competências atribuídas à criança variam de acordo com o contexto socio-económico, a sua percepção é influenciada por factores económicos, sociais, políticos e culturais. Se as sociedades ocidentais contemporâneas condenam o trabalho infantil, durante a revolução industrial e num mesmo contexto geográfico este seria a norma. O debate em torno das tarefas que constituem trabalho infantil não é ainda consensual, com vozes que se opõem determinantemente a qualquer forma de actividade que não educativa ou lúdica; outras apelam à necessidade de avaliar o contexto social e económico em que a criança é criada; e há ainda quem empregue crianças desde muito cedo em condições extremamente precárias.

Ariés (10) sugere que na época medieval criança e adulto seriam estádios indistintos; logo que uma criança se tornava apta a viver sem o constante cuidado de adultos integrava, também, a sociedade destes. De acordo

---

rência *Media in Transition 2: Globalisation and convergence*, Massachusetts Institute of Technology, May 10th-12th 2002.

(10) Ariès, P., 1996. *Centuries of Childhood*. Londres: Pimlico.

com DeMause ([11]), entre o século XIV – quando se assistiu a um aumento dos manuais de instrução para a infância – e o século XVII atravessou-se uma fase de ambivalência, em que a função dos pais era a de moldar os filhos. As imagens populares da época retratam as crianças como cera mole ou barro a ser amassado até adquirir a forma desejada; entre os séculos XIX e meados do século XX, criar uma criança significava ensinar, treinar e guiar para a socialização. Recentemente, na opinião de DeMause, assiste-se à emergência de um novo modelo o *helping mode*, considerando-se que as crianças estão mais bem informadas sobre as suas necessidades do que os seus pais, cuja função é a de acompanhar e ajudar. Esta perspectiva é partilhada por Warner([12]), que refere que, nas sociedades modernas, se assiste a uma separação cada vez maior entre a esfera adulta e a esfera da infância, equacionada como um conceito social, uma possibilidade de mercado, uma área a investigar. Boyden([13]) salienta que o século XX assistiu a um discurso nostálgico sobre a perda da inocência juvenil, dando-se um grande impulso ao ideal da infância segura e protegida que surge como preocupação social prioritária nos países ocidentais capitalistas. As noções do norte industrializado vão sendo exportadas para o

---

([11]) DeMause, L., 1992. 'The evolution of childhood' in C. Jenks, *The Sociology of Childhood*, Batsford: Batsford Academic & Educational Ltd.

([12]) Warner, M., 1994. 'Little angels, Little Devils: Keeping childhood innocent' in *Media Communication Journal*, n.º 16, pp. 3-10.

([13]) Boyden, J., 1999. 'Childhood and the policy makers: A comparative perspective on the globalization of childhood' in James, A. and Prout, A. (eds.): *Constructing and reconstructing childhood – Contemporary issues in the sociological study of childhood*, 2.ª ed., pp. 190-229, Londres: Falmer Press.

sul, primeiro, através da colonização, mais recentemente, pela acção de organizações como as Nações Unidas. O autor explica que estas noções criaram uma infância determinada com base em características biológicas e psicológicas, descurando os contextos sociais e culturais.

Os contrastes entre as percepções locais das capacidades e competências das crianças existem e devem ser considerados; no Reino Unido, como exemplifica Boyden (*ibid.*), jovens com menos de 14 anos não podem ser responsáveis por menores, já no Peru as crianças entre os 6 e os 14 anos são, frequentemente, responsáveis pelo lar. Também a pandemia do HIV no continente africano tem vindo a criar um fosso com a realidade do ocidente industrializado no que respeita ao aumento dramático do número de crianças órfãs. Um relatório elaborado pela UNICEF ([14]) no final de 2001 revela que cerca de onze milhões de crianças africanas, até à data, teriam perdido os pais vítimas do HIV (a UNICEF estima que este valor aumente ainda para vinte milhões em 2010), mais de metade das crianças com idades inferiores a 10 anos e os restantes com idades compreendidas entre os 10 e os 14 anos. Buckingham ([15]) refere que "[a] maioria das crianças no mundo de hoje não vive de acordo com a 'nossa' concepção de infância. Julgar estas construções alternativas de infância – e as vidas das crianças que nelas se inserem – como meramente 'primitivas' é manifestar um perigoso e limitado etnocentrismo" ([16]).

([14]) *Africa's Orphaned Generations* in http://www.unicef.org/media/files/orphans.pdf.

([15]) Buckingham, D., 2000a. *After the death of childhood – Growing up in the age of electronic media*, Cambridge: Polity Press.

([16]) Tradução minha.

O autor argumenta que as definições colectivas de infância resultam de processos sociais e discursivos nem sempre coerentes, mas frequentemente caracterizados por resistências e contradições mesmo num mesmo contexto sociocultural. Recorrendo à legislação relativa à idade de consentimento sexual no seu país, Reino Unido, para ilustrar a sua argumentação, Buckingham salienta que a lei legitima as relações heterossexuais aos 16 anos mas os adolescentes só são autorizados a ver filmes com cenas de sexo explícito a partir dos 18.

Assim como as construções sociais da infância variam, também as abordagens académicas à infância a perspectivam de formas distintas. Bazalgette e Buckingham ([17]) salientam que esta temática suscita intensas divisões académicas; enquanto a sociologia se tem ocupado com a juventude, a infância tem sido território da psicologia que tende para a consideração deste estado desenquadrado das experiências sociais. A ênfase da psicologia nas questões de desenvolvimento e cognição acentuou as distâncias entre a infância e o estado adulto, comparando a falta de maturidade da criança com o desenvolvimento pleno do adulto. Esta linha de pensamento sofreu alterações com as abordagens construtivistas que demonstram uma maior preocupação com a construção da idade enquanto categoria social e com o impacto desta construção nos diferentes sentidos historica e socialmente conferidos à infância.

Relativamente à construção da infância enquanto público televisivo, importa perceber a maneira como os

---

([17]) Bazalgette, C. e Buckingham, D., 1995. 'The Invisible Audience' in Bazalgette, C. and Buckingham, D., *In Front of the Children, Screen Entertainment and Young Audiences*, Londres: British Film Institute.

adultos o imaginam. Thornborrow ([18]), por exemplo, discute a participação das crianças em programas destinados aos mais novos. Analisando o discurso e o papel conferido às crianças pela produção, a autora conclui que o mundo das crianças é frequentemente construído como anárquico pela televisão, mas, em contraste, os papéis que desempenham enquanto sujeitos estão bastante condicionados pelas escolhas dos adultos. Segundo Thornborrow, as acções das crianças são restringidas e estritamente controladas em todas as sequências, havendo poucos exemplos em que se lhes ofereça espaço para demonstrar as suas competências discursivas para além da habilidade de participar em conversas com adultos. Os constrangimentos à participação dos mais novos nos programas a eles destinados levou Balzagette e Buckingham (*op. cit.*) a sugerir que as crianças constituem um público invisível, devido às limitadas oportunidades de participação. Assume-se, frequentemente, que os públicos infantis têm gostos homogéneos; a divisão mais comum é feita entre masculino e feminino, ainda que haja uma tendência para a masculinização da programação, partindo-se do princípio, comummente aceite, de que as raparigas assistirão a programas para rapazes mas que o contrário não se verifica.

A infância enquanto construção metodológica

As abordagens mais comuns à relação entre a infância e os *mass media*, em particular a televisão, consideram a influência da idade na cognição e no comporta-

---

([18]) Thornborrow, J., 1998. 'Children's participation in the discourse of children's television' in *Children and Social Competence: Arenas of Action*, pp. 134-153, London: The Falmer Press.

mento da criança, questionando, por exemplo, quais as implicações dos programas televisivos pré-escolares no desenvolvimento social e pessoal da criança. As explicações encontradas são fundamentadas através de aspectos biológicos e genéticos, naturalizando o posicionamento social da criança. Harden *et al.* ([19]) sugerem que esta naturalização influencia a construção social da infância, com repercussões na organização e interacção sociais. Segundo os autores, este paradigma enfatiza as diferenças entre adulto e criança, uma vez que o caminho a percorrer da infância ao estado adulto é o caminho para alcançar maturidade e superioridade intelectual; consequentemente, as actividades familiares e escolares estão organizadas de acordo com a idade dos indivíduos, o que proporciona comportamentos definidos como específicos em idades específicas e em contextos particulares. Harden *et al.* sugerem que, mais do que qualquer característica inerente ao "ser criança", as estratégias de investigação deverão centrar-se na situação social da criança tendo em conta os factores de diferenciação social, o contexto situacional da pesquisa e as áreas temáticas a explorar. Nesta perspectiva, favorecem-se questões de apresentação do eu, sublinhando a importância do contexto social da pesquisa e dos sujeitos.

As abordagens que se preocupam com as dinâmicas das arenas de acção social das crianças não as colocam numa situação de inferioridade relativamente aos adultos; Hutchby e Moran-Ellis ([20]), por exemplo, referem a

---

([19]) Harden, J. *et al.*, 2000. 'Can't talk, won't talk? Methodological issues in researching children', in *Sociological Research online*, vol. 5, n.º 2 <http://www.socresonline.org.uk/5/2/harden.html>.

([20]) Hutchby, I. and Moran-Ellis, J., 1998. 'Situating children's social competence' in *Children and Social Competence: Arenas of Action*, pp. 7-27, London: The Falmer Press.

necessidade de evitar a inferiorização das crianças, uma vez que esta perspectiva afasta os investigadores das experiências quotidianas. O paradigma da competência dá, assim, prioridade às experiências presentes e colectivas das crianças, o que, metodologicamente, implica o reconhecimento da primazia da investigação empírica. Se as crianças são construídas como sujeitos sociais, então as suas competências deverão ser estudadas nas circunstâncias empíricas dos seus quotidianos, constrangedoras ou impulsionadoras da capacidade de demonstrar as competências sociais dos sujeitos.

A opção metodológica mais frequente no âmbito do paradigma da competência é a pesquisa etnográfica, através de técnicas como a observação participante, a entrevista e a análise dos discursos das crianças. A etnografia pode ser problemática nesta área de estudos; o facto do investigador ser um adulto é um óbvio obstáculo à integração e participação no mundo social das crianças. Mandell ([21]) abordou o problema defendendo que o investigador deverá desempenhar um papel o mais distante possível da sua condição de adulto – *the least adult role*, atenuando as diferenças de comportamento. Hutchy e Moran Ellis (*op. cit.*) alertam para o facto dos resultados obtidos pela utilização desta técnica não poderem ser considerados autênticos por serem uma explicação de comportamentos aparentes; os autores propõem a aplicação da análise de conversação ([22]), investigando a linguagem como um recurso que permite às crianças demonstrar as suas competências de negocia-

---

([21]) Mandell, 1991. 'The least role in studying children' in Waksler, F. C., *Studying the social worlds of children*, Basingstoke: The Falmer Press.

([22]) "*Conversational analysis*" no original.

ção e construção dos seus contextos sociais. Os autores afirmam que a análise de conversação, "[j]untamente com dados etnográficos adequados, representa o tipo de observação mais próximo da observação da forma como as crianças organizam as suas vidas e alcançam as actividades implicadas no 'fazer' a infância" ([23]). Se o paradigma da competência torna viável o estudo das crianças como sujeitos, também negligencia as implicações do controlo exercido pelos adultos. Apesar de argumentar que as competências da infância podem sofrer constrangimentos ou ser impulsionadas pelos contextos sociais, Hutchy e Moran-Ellis relegam as circunstâncias que os propiciam.

Buckingham ([24]) reflecte sobre as mudanças ocorridas no campo dos estudos dos *media* e da criança; para o autor, passou-se de um modelo baseado na análise dos efeitos dos *media*, para um crescente reconhecimento das competências e agência das crianças face aos conteúdos mediáticos. Ainda que reconheça a importância de conceber os públicos infantis como sujeitos sociais competentes e não vítimas passivas dos *media*, Buckhingham exprime também a sua preocupação face à crescente celebração da criança sábia e sofisticada. As duas perspectivas são igualmente paternalistas e sentimentais. O autor propõe uma abordagem que contemple as experiências das crianças com os *media* e examine as noções de infância construídas por produtores, artistas, crianças, encarregados de educação e cientistas sociais.

([23]) Tradução minha.

([24]) Buckingham, D., 2001. *Media Education: A Global Strategy for Development*, <http://www.ccsonline.org.uk/mediacentre/Research_Projects/UNESCO_policy.html>.

Solberg[25] (1996) explora meios para validar o conhecimento da infância. A principal preocupação da autora é a interacção criança/adulto não apenas na situação de investigação mas também no relacionamento quotidiano. Solberg refere que esta área de estudos é um desafio ao obstáculo do etnocentrismo; o investigador desempenha papéis sociais – o adulto, o pai, o professor – geradores de dificuldades e distanciamento da situação em análise. A investigadora sugere a adopção de uma estratégia de investigação que ignore a idade e enfatize o contexto situacional da acção, argumentando que em determinados contextos a infância pode até nem existir. Num estudo efectuado numa comunidade piscatória norueguesa, Solberg e a sua equipa desenharam um conjunto de técnicas de pesquisa em função, não de qualidades particulares dos jovens informantes, mas sim em função do local onde o estudo decorreu, admitindo que o contexto influencia o comportamento dos sujeitos.

Este contributo alerta para a necessidade de ultrapassar noções preestabelecidas sobre a infância mas, por outro lado, minimiza a importância do desenvolvimento da criança, tal como o contributo de Hutchby e Moran-Ellis anteriormente exposto. Solberg não reflecte suficientemente sobre as técnicas de investigação que utiliza, salientando apenas o momento da interacção criança/adulto, ficando a ideia de que um questionário ou guião de entrevista aplicado a uma criança em idade escolar poderá ser administrado nos mesmos moldes a adultos. Hutchby e Moran-Ellis, por outro lado, apresentam a infância como um grupo homogéneo; embora possa ser um risco considerar em demasia as diferenças no desen-

---

(25) Solberg, A., 1996. 'The Challenge in Child Research: from "Being" to "Doing"', in Brannen, J., e O'Brien, M. (eds.) *Children in Families: Research and Policy*. Londres: Falmer Press, pp. 325-335.

volvimento, poderá ser igualmente problemática a total desconsideração da sua existência.

Messenger-Davies ([26]) acredita que as diferenças de idade e o corpo de conhecimento sobre o desenvolvimento biológico da infância não devem ser omitidos no estudo da infância social, sendo importantes para avaliar a interacção entre o biológico e os *inputs* educacionais. A autora sugere "[s]e uma criança de cinco anos consegue ser tão articulada e conhecedora como uma criança de oito, e uma criança de oito anos tão imaginativa como uma de dez, isto diz-nos algo sobre as capacidades potenciais [...]. Mas não podemos fazer esta descoberta sem expectativas genéricas baseadas em observações de larga escala sobre as diferenças de idade" ([27]). De facto, uma das conclusões do estudo que Messenger-Davies efectuou sobre literacia dos *media* na infância aponta para diferenças nas leituras dos conteúdos televisivos. As crianças mais novas tendem a concentrar-se no imediato, tendo a capacidade de ver o mundo povoado de fantasia e magia; a partir dos sete ou oito anos de idade observa-se uma transformação no sentido da racionalização e os gostos das crianças apontam para preferências por géneros televisivos mais realistas. Ainda que as crianças mais velhas reconheçam a importância da magia, incluindo os efeitos especiais utilizados na televisão, Messenger-Davies refere que estas consideram a magia importante apenas para os mais novos. Assim, o reconhecimento das diferenças decorrentes da idade e a aceitação da impossibilidade de distanciamento total da

---

([26]) Messenger-Davies, M., 1997. *Fake, Fact and Fantasy: Children's interpretations of television reality,* New Jersey: Lawrence Erlbaum Associates.

([27]) Tradução minha.

condição de adulto e de pressuposições implícitas sobre os sujeitos em análise são pontos de partida de extrema importância para o conhecimento das culturas da infância.

A criança-público

Espectadores indefesos?

A construção dos públicos da infância como espectadores indefesos resulta em grande parte de acontecimentos específicos que despertam pânicos morais, resultado, como refere Murdock (28), de determinados factos dramáticos de valor mediático que despertam um leque de fobias e preocupações colectivas. A obra de Neil Postman reflecte os referidos pânicos morais através de um fortíssimo ataque à televisão. No livro *The Disappearance of Childhood* (29), o autor sugere que este meio de comunicação provocou o desaparecimento da infância, promovendo o esbatimento das fronteiras entre crianças e adultos. Para Postman, o surgimento da imprensa no século XV separou a esfera adulta da infância, uma distinção que não existiria anteriormente, quando grande parte da população era iletrada e partilhava o mesmo ambiente social e intelectual. A partir da invenção dos caracteres móveis e da difusão do livro, os mais novos

---

(28) Murdock, G., 2001. 'Reservoirs of dogma – an archaeology of popular anxieties' in *Ill-effects, the media-violence debate*, Londres: Routledge.

(29) Postman, N., 1994. *The Disappearance of Childhood*, New York: First Vintage Books.

teriam que aprender a ler para entrar no mundo dos adultos, a civilização europeia reinventou as escolas e a infância tornou-se uma necessidade. O aparecimento da televisão revelou os segredos do mundo adulto às crianças, acabando com a época de ouro dos valores familiares que têm vindo a ser substituídos por uma decadência moral e pelo desrespeito pelos mais velhos. Antes da televisão, argumenta Postman, as crianças não tinham um acesso fácil à informação impressa, estando protegidas do conhecimento sobre o comportamento adulto que, na opinião do autor, exerce sobre elas efeitos nocivos.

Esta abordagem é problemática já que adultos e crianças têm diferentes esferas de acção e diferentes formas de interacção social. Mesmo aceitando que o acesso ao conhecimento conduziu à perda de inocência, não podemos ignorar a infância enquanto um estádio particular do desenvolvimento humano, nem a existência de culturas próprias desta fase. A argumentação de Postman idealiza uma infância reduzida à ingenuidade; assim sendo, a infância seria desprovida de história, congelada no tempo e impedida de qualquer evolução e transformação. Tal como as sociedades mudam, também o papel e o lugar da criança se alterou. A inocência não deve ser considerada como a dimensão da infância distintiva por excelência, mas entendida em contextos históricos e sociais específicos.

A visão pessimista de Postman foi sugerida por outros. Winn ([30]) comparou a televisão a uma droga, um vício que torna as crianças dependentes, privando-as de brincar e de partilhar a vida familiar. A autora defendeu

---

([30]) Winn, M., 1986. *The Plug-Inn Drug*, Harmondsworth: Penguin.

que o acto de ver televisão retarda o desenvolvimento do cérebro, encorajando a preguiça mental, afectando a atenção e a destreza linguística, aniquilando a identidade dos espectadores. Para Winn, o texto visual não contém os mesmos sentidos contidos no texto escrito e os seus estímulos não envolvem actividades mentais de processamento de informação. Segundo esta perspectiva, as mensagens visuais são desprovidas de significado. Contudo, já na década de 80, quando Winn elaborou a sua crítica à televisão, efectuaram-se estudos para analisar os sentidos simbólicos veiculados pelas imagens, que obrigam a exercícios de codificação e descodificação por parte dos espectadores ([31]). Abordagens centradas nos efeitos negativos da televisão não permitem a consideração das perspectivas das crianças sobre este meio de comunicação social; a infância é aqui construída como passiva, vulnerável e carecida de protecção. As mensagens televisivas, por outro lado, são apresentadas como tendo um sentido fixo que afectará homogeneamente os públicos, moldando os seus comportamentos e consciência.

Outros autores trataram a questão dos efeitos dos *media* nas crianças de forma mais sistemática, embora não necessariamente mais convincente. Os estudos behavioristas na linha da Teoria da Aprendizagem Social pre-

---

([31]) Por exemplo, Messenger-Davies (1987) investigou os efeitos das técnicas de montagem de televisão, tais como cortes, grandes-planos, *fades*, na memorização da informação verbal. Entre outras conclusões, o estudo revelou que a função de transformação do corte para o grande-plano será análoga às transformações gramaticais como a voz passiva, uma vez que pode ser utilizada como uma reorganização do sintagma de modo a enfatizar o objecto.

Calvert (1988) verificou que a percepção de tempo é afectada pelo uso de recursos formais de produção, tais como o *flashback* através de cortes abruptos ou do esbatimento gradual da imagem.

tendem demonstrar que através da televisão as crianças aprendem o sistema de recompensas da conduta social. Albert Bandura ([32]) efectuou experiências laboratoriais conhecidas como *bobo doll studies*, mostrando a diferentes crianças um filme em que uma mulher agride física e verbalmente um boneco, sendo ou não recompensada pelos seus actos. Verificando que as crianças, quando colocadas frente ao boneco, imitavam o comportamento visionado, Bandura concluiu que a televisão apresenta modelos de conduta social, através dos quais as crianças aprenderão quais os actos socialmente aceitáveis e recompensados. Cantor ([33]) observou que, após assistirem a cenas perturbadoras na televisão, as crianças sentem medo e terror, sentimentos que poderão ter consequências duradouras na sua conduta e provocar ansiedades pós-visionamento, evitando actividades que possam decorrer em situações similares. Bushman e Huesmann ([34]) defendem que o visionamento de violência produz comportamentos violentos de curta duração em espectadores de todas as idades, assim como uma maior probabilidade de condutas violentas em crianças que consomem bastante violência televisiva regularmente durante toda a infância. De acordo com os autores, as crianças imitam a agressividade, tornam-se mais benevolentes em relação à violência, acreditam que o mundo é hostil, usam a violência televisiva para justificar os seus próprios actos

---

([32]) Bandura, A., 1961. 'Transmission of aggression through imitation of aggressive models' in *Journal of Abnormal & Social Psychology*, 63, pp. 575-582.

([33]) Cantor, J., 2001. 'The Media and children's fears, anxieties and perceptions of danger', in Singer, D. G., e Singer, J. (eds.), *Handbook of children and media*, pp. 207-221, Londres: Sage.

([34]) Bushman, B. J. e Huesmann, L. R., 2001. 'Effects of televised violence on aggression' in Singer, D. G., e Singer, J. (eds.), *Handbook of children and media*, pp. 223-254, Londres: Sage.

e são mais propensas à imaginação violenta. Huesmann ([35]) sugeriu que o comportamento social é controlado por 'programas' armazenados na memória durante a infância; o visionamento repetido de violência no ecrã conduz à sua codificação no mapa cognitivo da criança, contribuindo para a manutenção de pensamentos agressivos e de padrões comportamentais. Assim, assistir a violência na televisão servirá de referência à criança na aprendizagem de como reagir à violência e das possíveis consequências advindas. Esta linha de argumentação perde força pelas condições em que a pesquisa se realiza; as abordagens behavioristas tendem a adoptar metodologias experimentais e laboratoriais, sendo as crianças sujeitas a experiências desenhadas em função do que se pretende avaliar. Os sujeitos são observados fora do seu ambiente social, produzindo situações artificiais nem sempre passíveis de responder às interrogações sobre qual seria o comportamento das crianças ao visionarem violência televisiva no contexto das suas interacções quotidianas.

Para além dos contextos, importa considerar o tipo de violência consumido. Wartella *et al.* ([36]) fizeram uma análise de conteúdo de programas da televisão americana, tendo concluído que a maioria continha pelo menos um acto violento, verificando-se, ainda, uma tendência para sancionar violência, raramente punida (em mais de 70% das ocorrências, os perpetradores não são

---

([35]) Huesmann, L. R., 1986. 'Psychological processes promoting the relation between exposure to media and aggressive behaviour by the viewer', in *Journal of Social Issues,* 42 (3), pp. 125-140.

([36]) Wartella, E. *et al.*, 1998. 'Children and Television Violence in the US' in Carlsson, U. and Feilitzen, C., *Children and Media Violence*, pp. 55-62, UNESCO International Clearinghouse on Children and Violence on the Screen.

castigados) e cujas consequências nas vítimas são amplamente ignoradas. Contudo, os autores não consideram que este tipo de programação conduzirá, inevitavelmente, a actos violentos por parte dos espectadores, alertando para as variações na representação da violência e do contexto de visionamento. Para Wartella *et al.* as reacções à violência variam segundo diversos factores: a natureza do perpetrador, a natureza do alvo, o motivo da violência, a recompensa ou castigo da violência, as consequências da violência e a associação ao humor. O estudo de Kodaira ([37]) também relativiza o impacto da violência na televisão; ao analisar a violência dos conteúdos dos programas de animação no final da década de 70, concluiu que os seus níveis seriam comparáveis aos existentes nos Estados Unidos da América mas de natureza diferente. Segundo Kodaira, a animação japonesa mostra acções e consequências de forma mais vívida, ilustrando o sofrimento da vítima, ao contrário do que sucede no ocidente, onde se evitam representações de sangue e onde os heróis sofrem menos do que os vilões. Em relação aos espectadores mais novos, Kodaira sugere que as crianças japonesas tendem a assistir a programas mais violentos quando se encontram sob *stress* e os pais parecem não censurar em demasia a programação assistida. Kodaira refere não haver provas concretas de que este tipo de consumo televisivo produza comportamentos violentos, salientando uma tendência para as crianças mais violentas preferirem géneros televisivos mais violentos.

([37]) Kodaira, S. I., 1998. 'A review of research on media violence in Japan' in Carlsson, U., e Feilitzen, C., *Children and Media Violence*, pp. 81-105, UNESCO International Clearinghouse on Children and Violence on the Screen.

Na opinião de Buckingham ([38]), os pânicos morais relativos à propagação da violência e de crimes como a pornografia infantil, pedofilia, assassinatos de crianças, propagados através dos diferentes *media,* sugerem duas construções distintas da infância: a criança inocente a proteger e a criança selvagem com instintos violentos, comportamento sexual e anti-social estimulados pelos *media*. Barker ([39]) relembra o caso do menino britânico de dois anos raptado e espancado até à morte por dois rapazes de dez anos que o abandonaram à morte na linha do comboio. Na época os *media* ligaram o assassinato ao filme *Child's Play III*, ainda que não tenham sido encontradas provas de que os dois rapazes tenham visto o filme. Barker argumenta que a análise cuidada ao filme revela um conto moral sobre um adolescente incompreendido e vítima de abuso que tenta a todo o custo fazer 'a coisa certa', ganhando coragem e estabilidade emocional durante o processo. Na perspectiva de Barker o filme critica a exploração das culturas de infância pelos adultos e as críticas de que foi alvo, bem como as pressuposições sobre a sua influência nos espectadores, não são inocentes. Para o autor, 'a violência nos *media* é a bruxaria da nossa sociedade' ([40]); diversos estudos têm repetidamente falhado na tentativa de descrever convincentemente uma relação de causa-efeito, categorizando de forma semelhante desde programas de animação a filmes de terror e noticiários. Contrariando esta tendência, Barker propõe uma análise das campa-

---

([38]) Buckingham, D., 2000a. *After the death of childhood – Growing up in the age of electronic media,* Cambridge: Polity Press.

([39]) Barker, M., 2001. 'The Newson Report' in Barker, M., e Petley, J. (eds.), *Ill-Effects, the media violence debate*, pp. 27-46, Londres: Routledge.

([40]) Tradução minha.

nhas anti-*media* e a consideração de como diferentes segmentos do público desenvolvem e caracterizam as suas próprias categorias de violência nos *media*.

Gauntlett ([41]) alerta para as metodologias resultantes da consideração primordial dos públicos infantis enquanto vítimas potenciais, que colocam as crianças em situações inibidoras de comportamentos independentes. Também Gunter e McAleer ([42]) salientam que a violência na televisão tem sido analisada recorrendo a metodologias quantitativas nem sempre apropriadas, produzindo leituras baseadas no número de ocorrências de eventos violentos segundo as definições dos investigadores. Para os autores, existem discriminações de percepção nas definições de acontecimento violento entre os públicos; pesquisas realizadas para analisar as categorizações de adultos e crianças mostram que estas nem sempre concordam com as definições utilizadas em análises de conteúdo 'objectivas', particularmente no caso de eventos em programas de animação categorizados como extremamente violentos. Novamente se salienta a importância do contexto e da consideração das perspectivas dos espectadores; mesmo as crianças são capazes de distinguir entre tipos de programação e formas de representar episódios violentos.

([41]) Gauntlett, D., 2001. 'The worrying influences of 'media effects' studies' in Barker, M., e Petley, J. (eds.), *Ill-Effects, the media violence debate*, pp. 47-62, Londres: Routledge.

([42]) Gunter, B., e McAleer, J., 1997. *Children & Television*, 2.ª ed., Londres: Routledge.

Consumismo e lógicas de mercado

O papel da televisão na definição da infância tem sido equacionado por referência a uma característica das sociedades contemporâneas à qual este meio de comunicação está intrinsecamente ligado, o consumismo. Steinberg e Kincheloe ([43]) viram nos *media* um instrumento demoníaco ao serviço da ideologia corporativa (ao qual as crianças são particularmente vulneráveis) com o poder de destruir a imaginação e o pensamento crítico, homogeneizando as massas e destituindo-as de capacidade de crítica social. Na opinião dos autores, os grandes grupos económicos que controlam os *mass media* são suficientemente poderosos para destabilizar a identidade das crianças. Kline ([44]) elabora, também, sobre o efeito homogeneizador produzido pela comercialização massificada que terá causado um declínio na qualidade dos produtos culturais para crianças. Este declínio, de acordo com o autor ([45]), terá começado no século XIX com as construções Vitorianas da infância, onde as comodidades associadas à criança tornam a infância um segmento específico do mercado.

Hendrick ([46]) investigou a história das construções da infância, desde o século XIX, na Grã-Bretanha, rela-

---

([43]) Steinberg, S., e Kincheloe, J. (eds.), 1997. *Kinderculture: The corporate construction of childhood*, Boulder: Westview.

([44]) Kline, S., 1993. *Out of the garden: toys, TV, and children's culture in the age of marketing*, Londres: Verso.

([45]) Kline, S., 1998. 'The making of children's culture', in Jenkins, H. (ed.), *The Children's Culture Reader*, pp. 95-109, New York: New York University Press.

([46]) Hendrick, H., 1997. 'Constructions and Reconstructions of British Childhood: An Interpretative Survey', in James, A. and Prout, A., *Constructions and Reconstructions of Childhood: Contemporary Issues in the Sociological Study*, pp. 34-62, Londres: Falmer Press.

cionando-a com as lógicas de mercado; conclui que a autoridade parental está grandemente associada ao controlo dos bens de consumo através do qual as crianças são subordinadas. Numa óptica antropológica, Hendrick vê os brinquedos como oferendas que funcionam como moeda de troca; ao presentearem os seus filhos com objectos lúdicos, os pais esperam uma recompensa. Kapur ([47]) considera que as distâncias entre crianças e adultos resultam do rápido desaparecimento do mundo que estes conheceram na sua infância; a autora desenvolve o tema da construção da criança consumidora de uma perspectiva mais interessante. Segundo Kapur, as crianças têm vindo a ser construídas como consumidoras desde a Segunda Guerra Mundial, principalmente nos Estados Unidos da América, onde tem havido um esforço por parte da indústria no sentido de transformar as construções da infância como inocente, em construções das crianças como consumidoras soberanas e ponderadas. Para a autora, a televisão é o centro da cons-trução da infância como um segmento de mercado constituído por indivíduos com estilos de vida particulares e distintos, devido às suas ligações à indústria. Esta relação promove formatos, temas, narrativas e personagens centrais na construção da identidade social da criança por oposição ao adulto, contribuindo para a construção da criança conhecedora e independente e tornando-a mais vulnerável à exploração pelo mercado. Kapur considera que não é a televisão a responsável pela perda de autoridade dos adultos, mas sim o fosso entre as culturas da infância e o conhecimento dos adultos sobre

([47]) Kapur, J., 1999. 'Out of Control: television and the transformation of childhood in late capitalism', in Kinder, M. (ed.), *Kids' Media Culture*, Durham & Londres: Duke University Press.

as mesmas. A televisão é entendida, sob esta perspectiva, não como uma causa, mas sim uma consequência da expansão do capitalismo e as novas tecnologias propiciadoras da transformação da relação entre a esfera pública e a esfera privada onde se situam a família e a infância.

Seiter ([48]) sugeriu que a televisão contribui não só para a construção da criança consumidora, mas também da criança-público, disseminando pressuposições baseadas na idade e sexo sobre o que as crianças gostam e sobre o que deveriam ver. A autora analisou séries de animação americanas surgidas nos anos 80 e destinadas ao mercado das meninas, tais como *O Meu Pequeno Pónei* e *The Care Bears*, concluindo que a estrutura das personagens não se baseava em mitos, contos de fadas ou outras séries de animação existentes, mas sim na manufactura de produtos para este mercado. Comparando a animação para meninos e para meninas, Seiter salienta as diferenças na construção das narrativas; enquanto os programas para os primeiros recorrem a perseguições e combates, os programas para meninas centram-se nas questões do destino. Também os códigos diferem, sendo frequente o recurso ao filme de terror e de ficção científica nos programas para meninos e ao romance e melodrama na animação para meninas. Estas diferenças ilustram pressuposições por detrás da produção dos programas no que respeita a masculinidade e a feminilidade, contribuindo para a construção dos papéis, das necessidades emocionais e educacionais e ainda dos gostos e aspirações.

Estudos como os de Seiter e Kapur constituem análises da relação infância/televisão para além da questão dos efeitos negativos. Convém reflectir sobre o contexto

---

([48]) Seiter, E., 1995. *Sold separately*, New Brunswick: Rutgers University Press.

no qual as autoras situam as suas análises. As abordagens consideram a realidade americana durante um período caracterizado pela desregulamentação da televisão para crianças, permitindo a emergência de programas orientados para a comercialização de mercadorias resultantes de conteúdos e personagens. No Reino Unido, por exemplo, o código de publicidade que regula a actividade televisiva relativamente à publicidade a brinquedos refere que não deverá ser exibida publicidade onde personalidades reais ou fictícias da programação infantil apareçam antes das nove horas da noite (altura em que a programação para adultos se inicia); para além disso, não deverá ser exibida publicidade relativa a produtos associados a programas para crianças nas duas horas anteriores e posteriores à exibição desses mesmos programas.

Seiter e Kapur desvalorizam, também, a consulta dos espectadores e o papel por eles desempenhado na interpretação de conteúdos, e neste ponto não se distanciam de posições como as de Postman (*op. cit.*). Uma abordagem contemplando as perspectivas dos públicos mais novos sobre conteúdos, regulamentação e consumo será menos ambígua, correndo menores riscos de ser especulativa e não objectiva. Os pontos seguintes explanam linhas de análise mais inclusivas.

Usos da televisão

Messenger-Davies *et al.* ([49]) consideram que a perspectiva dos efeitos nocivos pressupõe a aceitação do conceito 'público passivo', pois é baseada na ideia da

([49]) Messenger-Davies, M., e Mosdell, N., 2001. *Consenting Children? The Use of Children in Non-Fiction Television Programme,* Londres: Broadcasting Standards Commission.

criança que vê qualquer programa acriticamente, assumindo que as crianças optarão por assistir a programas imorais e de baixo valor cultural, como se tivessem uma predilecção pelo vulgar e pelo sensacionalismo. Se esse é o caso, o que dizer dos adultos, presumidamente informados, que constituem o público de programas de baixo valor cultural como todos os *reality shows* que se seguiram ao programa *Big Brother*? Dir-se-ia que a legitimidade de um adulto assistir a programas de televisão com pouco ou nenhum valor educacional ou cultural é inquestionável. Chegar a casa depois de um dia de trabalho, sentar-se à frente do televisor para ver qualquer programa em exibição independentemente da qualidade parece ser uma actividade a que os adultos têm direito. Mas quando se fala de crianças espectadoras, as preocupações emergem. Investigadores, pais, professores alertam para a necessidade de programas de valor educacional e moral, atacando programas, frequentemente séries de animação, aos quais nem sempre têm o cuidado de assistir e a preocupação de discutir com as crianças.

Hodge e Tripp ([50]), na sua obra de referência sobre a animação para crianças, analisam os conteúdos dos programas, assim como os conteúdos dos discursos das crianças sobre os mesmos. Na perspectiva dos autores, os programas televisivos são um produto de um circuito de comunicação e os seus sentidos não são evidentes, mas sim o resultado de processos de codificação e interpretação. Como tal, as respostas aos conteúdos televisivos fazem parte desse processo de comunicação, devendo, também, ser descodificadas. Para este exercício de descodificação, os autores propõem uma teoria sobre os con-

---

([50]) Hodge, B. and Tripp, D., 1996. *Children and television, a semiotic approach*, Cambridge: Polity Press.

teúdos televisivos que considere diferentes níveis da mensagem, incluindo a perspectivação dos diferentes códigos e das diferenças entre públicos e emissores, a dimensão social das respostas das crianças e os seus efeitos na linguagem verbal e gestual utilizada. É esta a estratégia que utilizam para compreender a capacidade que as crianças têm de distinguir fantasia e realidade e de interpretar os conteúdos televisivos. Da análise feita às leituras produzidas pelos mais novos relativamente a um desenho animado, *Fangface* ([51]), Hodge e Tripp concluíram que, desde muito cedo, as crianças demonstram a capacidade de compreender as fórmulas narrativas dos episódios de uma série, a que chamam capacidade de perceber o mito. As crianças que participaram no estudo demonstraram perceber a estrutura das histórias, estabelecendo comparações com outras séries; antecipando a vitória do bem sobre o mal e a captura final do vilão; elaborando teorias sobre quem poderia ser o monstro que surge no episódio e revelando a capacidade de projectar a identidade dual da personagem. Os autores observaram ainda que as crianças produziam comentários sobre as personagens estereotipadas e os comportamentos a elas associados, como demonstra este excerto de uma entrevista a um grupo de meninos (*ibid.*, p. 55) ([52]):

> Entrevistador: O que estava a guiar... Que tipo de pessoa é ele?
>
> Alan: Ah, uma pessoa que concorda com toda a gente. [Sorri tal como os outros rapazes.]
>
> Chris: Uma espécie de pessoa aborrecida. [Sorri tal como os outros rapazes.]

([51]) Uma série de animação em que o herói é um adolescente que se transforma numa espécie de lobisomem e, com o seu grupo de amigos, desvenda mistérios e descobre vilões e falsos monstros.

([52]) Tradução minha.

Quanto à atribuição de um grau de realidade à mensagem, capacidade a que Hodge e Tripp chamam modalidade, é uma actividade que as crianças desenvolvem com a idade, condicionante das suas preferências de programação e interpretações de conteúdos. Segundo os autores, há diversos marcadores influentes nos julgamentos sobre a modalidade de um texto: a negação e a dúvida; contradições; acumulação de indicadores de incerteza; riso; gestos e pistas tais como o encolher de ombros e o tom de voz. À medida que as crianças se apercebem da *não-realidade* dos programas, operam-se mudanças na forma como sentem as mensagens televisivas (por exemplo, quando os filmes de terror deixam de ser perturbadores para se tornarem implausíveis), daí que as crianças mais novas tenham preferido personagens de animação e as crianças a partir dos nove anos revelassem a sua preferência por personagens marcadas por uma mais forte modalidade. No entanto, até as crianças mais novas demonstraram saber distinguir entre personagens de animação e personagens 'reais', como se observa no comentário de um menino de seis anos (*ibid.*, p. 123) ([53]):

> George: Este aqui, o Shaun é mais real e o Urso Yogi menos real.
>
> Entrevistador: Ok, e porquê?
>
> George: Porque o Urso Yogi é um filme e o Shaun nasceu. [...] É apenas um filme feito por uma câmara mas podemos ver as mãos. Eu não sei como é que eles fazem os desenhos animados.

As crianças mais velhas também revelaram ter avaliações particulares de modalidade distintas das dos

---

([53]) Tradução minha.

adultos, atribuindo, por exemplo, diferentes graus de realidade a coisas ou pessoas baseando-se em critérios próprios. Lisa, uma menina de doze anos explica, por que razão sente a sua mãe mais real que o seu pai (*ibid.*, pp. 122, 123) ([54]):

> Umm, a minha mãe parece mais real do que o meu pai porque a minha mãe é uma senhora também e o meu pai é um rapaz. E a minha mãe está sempre, estamos sempre a sair juntas e o meu pai, vejo-o sempre mas a minha mãe apanha as minhas roupas e parece mais real que o meu pai.

No caso da Lisa, a proximidade, ou o sentimento de identificação com a sua mãe, foram essenciais na sua avaliação de realidade. A interpretação do George resultou do seu entendimento das personagens de animação como resultantes da mão humana; admitindo a sua falta de conhecimento sobre as técnicas de animação, este menino demonstrou ser capaz de separar o que se passa dentro e fora do ecrã. Longe das crianças amorfas referidas por Winn, as crianças que participaram no estudo de Hodge e Trip construíram sentidos de forma activa, não só a partir da televisão, mas também do mundo envolvente.

David Buckingham ([55]) (1996), numa linha de análise semelhante, preocupou-se em perceber de que forma as crianças respondem às mensagens televisivas. A escolha do termo 'resposta' revela a preocupação do autor em considerar a relação criança/televisão como activa,

---

([54]) Tradução minha.

([55]) Buckingham, D., 1996a. *Moving Images, Understanding Children's Emotional Responses to Television*, Manchester: Manchester University Press.

sugerindo que as crianças são públicos activos. Para Buckingham, do acto de ver televisão resulta um diálogo, ao assistirem a programas televisivos as crianças desenvolvem capacidades de interpretação que serão usadas de futuro. Por outro lado, o autor considera que as crianças trazem consigo conhecimentos do quotidiano e uma série de influências do ambiente onde estão imersas quando vêem televisão. Outro ponto de interesse é constituído pelas dinâmicas sociais por detrás das estratégias utilizadas pelas crianças quando falam sobre televisão, posicionando-se em relação ao outro. Expressar o seu entusiasmo por filmes de terror e repúdio por contos de fadas pode ser uma questão de estatuto para um rapaz adolescente que deseje distanciar-se de conteúdos infantis e afirmar a sua maturidade através da indiferença a conteúdos potencialmente assustadores contidos no filme de terror.

Noutro contexto, Buckingham ([56]) sugeriu uma definição de literacia da infância, considerando as práticas sociais e os contextos culturais e institucionais, defendendo a existência de literacias definidas pelos significados que produzem e os objectivos sociais que servem. O autor sugere que as crianças possuem diferentes competências resultantes de experiências sociais e culturais diversas, sujeitas a transformações históricas que acompanham a evolução da linguagem dos *media* e das tecnologias. Buckingham (*ibid.*, p. 34) propõe uma teoria social da literacia televisiva onde as crianças possam ser definidas como:

> membros de comunidades interpretativas [...] com diferentes orientações para a televisão que podem ser usadas, como negociar identidades sociais e culturais de

---

([56]) Buckingham, D., 1993. *Children Talking Television: The Making of Television Literacy*, Londres: The Falmer Press.

> maneiras diversas. Neste sentido, diferentes grupos sociais podem empregar diferentes literacias da televisão com funções e consequências sociais e ideológicas distintas. (57)

A televisão, nesta perspectiva, não é vista como uma actividade anti-social, pelo contrário, é equacionada como uma actividade primária de socialização devido ao envolvimento discursivo proporcionado pelo acto de ver televisão. Segundo o autor, falar sobre a programação televisiva é parte integrante da vida social, sendo uma actividade fundamental na definição e construção de interacções e da própria identidade social do indivíduo.

Pasquier (58) conclui que a televisão é um foco de interacção familiar na Europa, apesar de muitas famílias possuírem mais do que um aparelho de televisão, permitindo a visualização independente. A análise do autor aponta para a preferência pelo visionamento de programas de televisão na companhia de outros membros da família, sendo os conteúdos televisivos, a par da música, um dos grandes tópicos de debate entre grupos de amigos. A observação de Pasquier é corroborada por Leen d'Haenens (59), para quem não só a televisão é o *mass media* com o qual as crianças passam mais tempo mas, também, aquele sobre o qual pais e crianças têm maiores probabilidades de conversar.

---

(57) Tradução minha.

(58) Pasquier, D., 2001. 'Media at home: Domestic interactions and regulation', in Livingstone, S., e Bovill, M. (eds.): *Children and their changing media environment: a European comparative study*, pp. 161-178, Mahwah, N. J.: Lawrence Erlbaum.

(59) d'Haenens, L., 2001. 'Old and new media: access and ownership in the home' in Livingstone, S., e Bovill, M. (eds.), *Children and their changing media environment: a European comparative study*, pp. 53-84, Mahwah, N. J.: Lawrence Erlbaum.

Reflectindo sobre as estratégias para estudar os discursos das crianças relativamente à televisão, Livingstone *et al.* ([60]), num estudo comparativo das mudanças dos *media* europeus para crianças, salientam a necessidade de considerar o local e as condições de realização da pesquisa quando da análise dos dados. O estudo revelou que o contexto da entrevista, por exemplo, influencia o posicionamento das crianças em relação aos *media*, o ambiente doméstico propicia a observação do impacto de pais e irmãos, as entrevistas de grupo nas escolas proporcionam a compreensão da pressão dos pares e as entrevistas na sala de aula podem revelar explicações de teor mais académico. Da análise de dados referentes a um estudo com crianças de uma escola primária de Londres, Buckingham ([61]) observa que as mesmas percepcionaram o contexto de pesquisa como adequado a respostas críticas e proporcionador de oportunidades para se posicionarem como 'adultos', beneficiando-se a si próprias e ao investigador, ao mesmo tempo que procuravam refutar o que suspeitavam ser a opinião dos adultos sobre os efeitos da televisão. Através desta observação, o autor reflecte sobre a multiplicidade de discursos e repertórios disponíveis mediante os contextos, o que torna difícil a avaliação do impacto do contexto nos resultados de uma investigação. Segundo Buckingham, os sentidos não televisivos podem ser suficientemente poderosos para ensombrar os televisivos, isto é, as negociações de

---

([60]) Livingstone, L. *et al.*, 2001. 'Childhood in Europe: Contexts for comparison', in Livingstone, S., e Bovill, M. (eds.): *Children and their changing media environment: a European comparative study*, pp. 3-30, Mahwah, N. J.: Lawrence Erlbaum.

([61]) Buckingham, D., 1993. *Children Talking Television: The Making of Television Literacy,* Londres: The Falmer Press.

sentido produzidas entre os membros de um grupo podem determinar as respostas produzidas. Tal poder é ilustrado pelo debate de um grupo de crianças sobre o *Cosby Show* ([62]), onde foi possível observar que o grupo estava ciente do debate público sobre as representações de racismo nos *media*, mas simultaneamente os discursos denotavam preocupações em evitar posições que pudessem sugerir uma atitude 'anti-brancos'.

Análises qualitativas sobre as preferências televisivas dos públicos mais novos têm indicado uma uniformidade de gostos entre crianças do mesmo sexo e entre crianças de diferentes culturas. Deve salientar-se o facto de a televisão global propiciar uma uniformidade da oferta de conteúdos que limita as possibilidades de escolha dos públicos, bem como as suas preferências, já que as crianças só poderão designar programas que conhecem. Valkenburg e Janssen ([63]) conduziram um estudo com crianças holandesas e americanas, entre os seis e os onze anos de idade, com o intuito de investigar quais as características dos programas de televisão mais valorizadas. Concluíram que, de uma forma geral, as características mais proeminentes são a clareza e a acção, seguidas do humor, carácter interessante e inofensivo, realismo, violência e romance. Em relação às diferenças entre rapazes e raparigas, os primeiros demonstraram preferir violência e acção, enquanto as meninas salientaram o carácter inofensivo e a clareza. Os autores notaram uma maior tendência das crianças americanas para enfatizar

---

([62]) *Sitcom* em que acção decorre no seio de uma família afro--americana.

([63]) Valkenburg, P. M. Janssen, S. C., 1999. 'What do children value in entertainment programmes? A cross-cultural investigation', in *Journal of Communication*, vol. 49, n.º 2, pp. 3-21.

o realismo e o carácter interessante e inofensivo do programa, um resultado que relacionam com o debate sobre a classificação segundo idades, os *chips* de controlo (V-chip) e a regulamentação a decorrer nos E.U.A na época, coincidindo com a realização da pesquisa.

Um relatório da ITC (64) (1998), no Reino Unido, sobre as preferências das crianças relativamente a programas de animação, apresentou conclusões semelhantes relativamente às diferenças entre rapazes e raparigas, mas também demonstrou que estas preferências variam com a idade. A acção, por exemplo, apela aos rapazes mais novos, dos cinco aos sete anos; as raparigas demonstraram interesse em conteúdos de acção desde que a narrativa tenha continuidade e não seja apenas uma sucessão de episódios não interligados e que inclua personagens femininas com personalidades fortes. Outro resultado interessante revela que as crianças mais novas nem sempre relacionam os acontecimentos do programa com a vida real, sentindo-se menos assustadas em relação a determinados acontecimentos do que as crianças mais velhas; já o oposto acontece com outros elementos como a música. Estes dados indicam prováveis falhas na comunicação, quando a heterogeneidade dos públicos não é considerada.

Garitonandia (65) alerta para o declínio da produção de programas infantis e juvenis na Europa, justificado pelo aumento dos canais temáticos para estes públicos e por indícios de que as crianças, na realidade, preferem

---

(64) ITC – Independent Television Commission.

(65) Garitonandia, C. *et al.*, 2001. 'Media genres and content preferences' in Livingstone, S., e Bovill, M. (eds.), *Children and their changing media environment: a European comparative study*, pp. 141-158, Mahwah, N. J.: Lawrence Erlbaum.

programas para adultos. O autor considera que os índices de audiências indicadores da predilecção por programas para adultos podem proporcionar leituras viciadas, já que a oferta de programas para crianças nos canais generalistas é limitada. Por outro lado, as escolhas de programação das crianças podem estar condicionadas às escolhas feitas por outros membros da família. Analisando os gostos por géneros televisivos diversos das crianças europeias, Garitonandia aponta para uma homogeneidade entre países: desporto (24%), música (17%) e natureza (9%) surgem no topo da lista. As semelhanças são ainda encontradas na escolha dos programas preferidos: a maioria das crianças entre os seis e os sete anos refere um programa de animação, enquanto programas narrativos como a telenovela são os favoritos para os maiores de nove anos (apesar de na Alemanha, Finlândia e Espanha a animação continuar no topo).

Relativamente às diferenças entre rapazes e raparigas, Garitonandia verificou que os primeiros têm gostos mais homogéneos e geralmente orientados para a acção, enquanto as meninas revelam interesses mais variados e relacionados com o lado humano. É interessante notar que o romance só aparece nas preferências cimeiras das raparigas entre os 15 e os 16 anos de idade. Os programas de música são privilegiados pelas raparigas, começando a interessar aos rapazes em idades mais avançadas. A tendência é para as alterações de gosto com a idade – à medida que crescem as crianças preferem consumir comédias e séries.

Pinto ([66]) obteve resultados convergentes em Portugal, com uma população de crianças do distrito de

---

([66]) Pinto, M., 2000. *A Televisão no Quotidiano das Crianças*, Porto: Edições Afrontamento.

Braga, concluindo haver uma relação entre as preferências e a idade e o sexo. As raparigas privilegiam telenovelas e concursos; os rapazes preferem programas desportivos, filmes e séries. Um dado interessante surge quando é perguntado às crianças qual a sua personagem favorita: ambos os sexos referem personagens masculinas apesar das raparigas escolherem personagens mais sensíveis e com senso de humor e os rapazes heróis com poderes especiais e poder físico. O autor encontrou também diferenças geográficas: nas zonas rurais surgem personagens criativas (como o MacGyver) e nas zonas urbanas personagens mais violentas (como o Rambo). Mais uma vez se chama a atenção para a necessidade de relativizar a predilecção por personagens masculinas, contextualizando-as num cenário em que claramente predominam os heróis, e as heroínas são raras; por outro lado, a utilização da palavra 'herói' nos questionários às crianças poderá originar desvios, já que é um termo conotado com coragem e feitos extraordinários. Seria interessante avaliar a objectividade dos resultados fazendo uso da expressão 'personagem principal', possivelmente alargando o leque de escolhas (nas telenovelas, por exemplo, figuram frequentemente heroínas numa acepção ampla do termo). Como já foi referido, é importante ter em consideração as possíveis influências do contexto de pesquisa nos discursos das crianças e não descurar a importância das escolhas dos canais para oferta de programação nas preferências e gostos das crianças. Garitonandia, por exemplo, assinala a popularidade das telenovelas nacionais nos países onde estas estão difundidas, podendo ser um indicador de que as crianças reagirão favoravelmente a narrativas que espelhem a sua cultura.

As diferenças entre sexos apontadas por estudos quantitativos, por exemplo, são realçadas através de análises dos discursos das crianças sobre gostos televisivos, onde o género sexual emerge como um elemento importante para a definição de identidades. Ao classificar programas particulares, as crianças usam frequentemente o género sexual como medida de comparação; ao fazê-lo não estão apenas a categorizar mas a construir e a apresentar a sua *persona* social. Numa discussão sobre o que torna um programa de televisão bom, um grupo de alunos de uma escola primária inglesa, num estudo conduzido por Messanger-Davies ([67]), sugeriu os seguintes elementos ([68]):

> Menino 1: Muita violência.
> Menino 2: Cheios de acção e sanguinários.
> Menina 1: Problemas e como os personagens os resolvem...
> Entrevistador: Quem é o vosso personagem favorito na *Eastenders* ([69])?
> Menina 1: O Joe, porque é um bocadinho maluco.
> Menina 2: O Grant e o Phil porque são um pouco bruscos, conseguem ser simpáticos mas são alcoólicos e essas coisas.

Estes depoimentos estão em consonância com os resultados obtidos por Garitonandia (*op. cit.*), mostrando a propensão masculina para programas de acção e a preferência feminina por programas onde as relações sociais e problemas humanos sobressaem. Também no estudo de Pinto (*op. cit.*) as meninas elegeram personagens mas-

---

([67]) Messenger-Davies, M., 2001. *Dear BBC. Children, television storytelling and the public sphere*, Cambridge: Cambridge University Press.

([68]) Tradução minha.

([69]) Telenovela produzida pelo canal britânico BBC, transmitida ao início da noite.

culinas como favoritas; os comentários acima traduzidos indicam uma predilecção por personagens com personalidades marcantes. Poderá a ausência de personagens femininas fortes explicar este posicionamento? Um comentário de uma menina no estudo de Buckingham ([70]) aponta para tal ([71]):

> Serena: Devias falar com os rapazes. Porque os desenhos animados são para rapazes. Porque eles têm mais rapazes e homens.

A menina de onze anos demonstra a sua frustração face às representações limitadas de heroínas na televisão para crianças, não apenas em relação à ausência de personagens principais femininas, mas também ao tipo de papéis comummente desempenhados por estas. No decorrer da conversa com o entrevistador revela:

> DB: Então, do que gostas na She-Ra?
> Sharon: Gosto apenas da maneira como age, para uma rapariga, como o He-Man, eles não deixariam uma rapariga sê-lo, eu pensava. Eles não deixariam uma rapariga ser tão forte, e ela é forte.
> DB: Então ela faz todas as coisas que o He-Man consegue fazer?
> Serena: Faz a diferença. Porque muitos rapazes pensam que as raparigas são fracas e tudo. Mas não acho certo, por isso eles que se calem. As raparigas deviam controlar os rapazes para eles verem quem é fraco.

([70]) Buckingham, D., 1999b. 'Studying children's media cultures: a new agenda for cultural studies', in *Research in childhood. Sociology, culture and history*, Outubro 1999, University of Southern Denmark.

([71]) Tradução minha.

Discursos semelhantes são apresentados noutros estudos de Buckingham ([72]) onde mesmo os rapazes não se abstêm de participar no debate sobre a representação das mulheres na televisão, optando por posições anti-sexistas, politicamente correctas. Na presença do entrevistador optaram por demonstrar sensibilidade para as representações de género sexual nos *media*, referindo que determinados programas de animação onde predominam personagens masculinas são também para públicos femininos.

Outro aspecto emergente dos discursos das crianças relacionado com as suas avaliações dos conteúdos dos *media* é o da idade enquanto estatuto social. Messenger-Davies ([73]) observou como as crianças usaram a idade para justificar as suas opções de horários de programação. A autora sugere que este tipo de opção discursiva faz parte de uma estratégia de diferenciação usada pelas crianças para definirem as suas identidades sociais, algo já verificado em pesquisas anteriores ([74]). Segundo Messenger-Davies, determinados discursos são exemplos de teorias de maturação usadas pelas crianças, ilustrando ainda os esforços de distanciamento de certos programas considerados demasiado infantis, de forma a estabelecer o seu estatuto de maturidade. Messenger-

---

([72]) Por exemplo: Buckingham, D., 1993. *Children Talking Television: The Making of Television Literacy*, Londres: The Falmer Press.

([73]) Messenger-Davies, M., 2001. *Dear BBC. Children, television storytelling and the public sphere*, Cambridge: Cambridge University Press.

([74]) Messenger-Davies, M., 1997. *Fake, Fact and Fantasy: Children's interpretations of television reality*, New Jersey: Lawrence Erlbaum Associates.

-Davies *et al.* [75] referem a existência de gostos de aspiração [76], reflexos da necessidade que as crianças mais velhas têm de projectar as suas identidades futuras nos estilos de vida dos adolescentes. Tal como os adultos tendem a ignorar possíveis efeitos da televisão em si próprios e a sobrevalorizar a influência dos *media* nos menores, também as crianças mais velhas argumentam a favor da sua maturidade em relação à vulnerabilidade das mais novas. Messenger-Davies sugere ainda uma outra distinção entre programas '*cool*' [77] e programas para '*grannies*', uma oposição que reflecte as características dos conteúdos indicando uma diferenciação entre acção e conversa.

O estudo das variáveis 'etnia' e 'classe' na relação criança/televisão é frequentemente equacionado em termos das diferenças entre discursos de crianças de diversas origens étnicas e sociais. É de notar uma ausência de preocupação no sentido de categorizações objectivas de pertença, principalmente na definição simplificada em classe baixa, média e alta, ignorando um tratamento detalhado do cruzamento de informações, como a escolaridade, a situação na profissão, a remuneração dos pais, entre outros.

Buckingham [78] sugere que os discursos individuais sobre os *media* dependem dos contextos institucionais

---

[75] Messenger-Davies, M. and Mosdell, N., 2001. *Consenting Children? The Use of Children in Non-Fiction Television Programme,* Londres: Broadcasting Standards Commission.

[76] *Aspirational tastes*, no original.

[77] '*cool*' referindo-se a programas jovens com conotações positivas e '*grannies*' a programas aborrecidos para pessoas idosas, 'avozinhas'.

[78] Buckingham, D., 1993. *Children Talking Television: The Making of Television Literacy,* Londres: The Falmer Press.

onde a actividade de ver televisão, uma prática social, decorre. Poderão apontar-se algumas contradições entre o argumento proposto pelo autor e a pesquisa empírica que conduz, onde tende a utilizar definições generalistas de classe como a descrita acima, mas importa salientar algumas distinções encontradas. Buckingham verificou que as crianças da 'classe média' abordaram a entrevista de forma mais formal, como se fosse um momento educativo, enquanto as crianças da 'classe operária' emitiram opiniões menos arriscadas ou potencialmente comprometedoras. Também em relação ao tipo do programa surgiram algumas diferenças: as crianças da 'classe média' demonstraram gostar de comédias alternativas e programas factuais e as crianças da 'classe operária' referiram programas de entretenimento, filmes de terror e comédias *mainstream*. As telenovelas *Eastenders* e *Coronation Street*, retratos do quotidiano da 'classe operária', foram os únicos programas discriminados em função da classe social e foram considerados deprimentes e aborrecidos pelas crianças da 'classe média', como demonstra o seguinte diálogo ([79]):

> Nigel: Sim, mas a East, Eastenders [risos]. East, Eastenders é mesmo terrível.
>
> Petros: Sim, eu sei.
>
> Nigel: Não é, não tem cores, as casas são todas cinzentas.
>
> [...]
>
> Pradesh: Sim, quer dizer, com papel de parede queimado e coisas assim [risos] e é tudo castanho.
>
> [...]
>
> Pradesh: e as carpetes são todas *blhac*.
>
> [...]

([79]) Tradução minha.

Nigel: Parece, é tudo, parece horroroso, não gostavas de morar ali.

[...]

Sally: Sim, eu sei mas para aí [risos] metade das pessoas na Grã Bretanha vivem assim.

Apesar de fazerem questão de se afirmarem como não-público do programa, estas crianças mostraram-se bastante confiantes na sua avaliação dos conteúdos, antevendo uma maior familiaridade do que aquela pretensamente revelada através do alheamento e da crítica, reforçando a construção das suas identidades sociais distantes da realidade da *classe operária* retratada no programa televisivo. Por se tratar de uma série de longa duração na televisão britânica sobre vidas de habitantes de uma zona específica de Londres, transportando fortes marcadores de modalidade, não será surpreendente que crianças oriundas de uma realidade social distinta estabeleçam comparações com os estilos de vida das suas próprias famílias.

A fraca modalidade dos programas de animação, por outro lado, poderá significar uma identificação de indicadores de classe, ou etnia, menos óbvia; as personagens animadas nem sempre se assemelham a seres humanos e são, frequentemente, desprovidas de referências culturais explícitas, de modo a apelar ao mercado internacional, como se verá mais adiante. Tal facto não significa que as crianças não estejam cientes das representações televisivas de diversidade cultural, como evidencia o estudo de Messenger-Davies([80]) efectuado com crianças galesas e a

([80]) Messenger-Davies, M., 2001. *Dear BBC. Children, television storytelling and the public sphere*, Cambridge: Cambridge University Press.

sua argumentação sobre a conveniência de manter, ou não, o programa *Slot Meithrim* em gaélico, na grelha de programação do canal do País de Gales S4C. As entrevistas de grupo revelaram que as crianças estão cientes da diversidade de públicos, sugerindo uma oferta plural de programas, ao mesmo tempo considerando não ser condição de qualidade a sua especificidade ou relevância cultural.

Estudos como os referenciados nesta secção contribuem para desmistificar a construção da criança como espectadora passiva, demonstrando as suas capacidades discursivas reveladoras de gostos e preferências, mas também da forma como constroem as suas identidades influenciadas pelas dinâmicas sociais. No próximo capítulo considera-se o corpo, no sentido biológico, como outra dimensão importante para a compreensão da criança no papel de telespectadora, abordando sumariamente aspectos cognitivos e de desenvolvimento na construção de sentidos no acto de ver televisão.

Capítulo II

Televisão e Cognição

> 2 – À concessionária incumbe, designadamente:
>
> a) Fornecer uma programação variada e abrangente, que promova a diversidade cultural e tenha em conta os interesses das minorias;
> d) Garantir a produção e transmissão de programas educativos e de entretenimento destinados ao público jovem e infantil, contribuindo para a sua formação;
> e) Garantir a transmissão de programas de carácter cultural, educativo e informativo para públicos específicos. [81]

Tal como a Lei da Televisão em vigor (de Agosto de 2003), o Anteprojecto de Proposta de Lei da Televisão prevê, implicitamente, que os públicos não são homogéneos nos seus gostos e necessidades de programação,

---

[81] Anteprojecto de Proposta de Lei da Televisão *(Aprovado em Conselho de Ministros, no dia 16 de Novembro de 2006; em consulta pública até 15 de Dezembro de 2006).*

sugerindo uma diversidade cultural que pode ser resultante de características como a língua, a localização geográfica, o estatuto social, a religião, a idade, entre outras. Salienta, também, que os concessionários de televisão deverão assumir responsabilidades em relação aos públicos mais novos, mas mantém as ambiguidades existentes na actual Lei, não elaborando possíveis definições de 'programas educativos e de entretenimento', nem especificando de que forma contribuirão para a formação destes públicos. De facto, a referência 'ao público jovem e infantil' reforça a especificidade de um segmento dos públicos televisivos sem contudo esclarecer a sua diversidade. Este 'público jovem e infantil' é constituído por indivíduos provenientes de vários contextos sócio-culturais e cuja habilidade para entender os conteúdos varia, assim como variam as necessidades educativas e de entretenimento. A ambição de uma oferta televisiva de qualidade para estes públicos requer a compreensão de dinâmicas sociais e psicológicas, para além do reconhecimento da existência de necessidades específicas.

Woodhead ([82]) chama a atenção para as ambiguidades geradas por uma referência exagerada às necessidades das crianças; na opinião do autor, esta generalização serve apenas para encobrir as incertezas e discordâncias sobre o que melhor servirá os interesses das crianças. A diversidade cultural e as características biológicas do ser humano constituem desafios à definição das necessidades das crianças que passam, segundo o autor, pelo

---

([82]) Woodhead, M., 2000. "Psychology and the cultural construction of children's needs" in James, A. e Prout, A (eds.). *Constructing and Reconstructing Childhood – Contemporary issues in the sociological study of childhood*, 2.ª ed., pp. 63-77, Londres: Falmer Press

reconhecimento de uma multiplicidade de caminhos para a maturidade.

Apesar da investigação que aqui se apresenta abordar a relação entre as crianças e os conteúdos televisivos numa perspectiva cultural, é importante complementar a revisão da literatura sobre o tema com estudos referentes aos processos biológicos que ocorrem no acto de ver televisão, reforçando o argumento de que uma programação televisiva de qualidade para crianças exige a compreensão da diversidade que caracteriza estes públicos.

A criança egocêntrica e a televisão

A obra de Jean Piaget é uma referência na área do desenvolvimento da inteligência humana e no entendimento da forma como as crianças pensam e compreendem o mundo. O autor sugere que este processo de conhecimento ocorre gradualmente, numa sucessão de estádios de desenvolvimento comuns a todas as crianças. O conhecimento não é algo inato aos humanos, mas o produto de construções que impulsionam o desenvolvimento decorrentes da capacidade da criança assimilar o que o ambiente sócio-cultural oferece e das trocas de informações e ideias com os que a rodeiam. Um ponto central no pensamento de Piaget é a questão do egocentrismo da criança; nos primeiros estádios do desenvolvimento, a criança entende o que vê por referência à sua própria posição, criando uma ilusão egocêntrica quando tem necessidade de representar mentalmente algo não familiar. No livro *A Linguagem e o Pensamento da Criança* ([83]),

---

([83]) Piaget, J., 1926, 2002. *The Language and Thought of the Child*, Londres: Routledge

publicado pela primeira vez em 1923, Piaget ilustra o egocentrismo através da análise da forma como as crianças comunicam entre si ao notar que durante actividades de grupo, apesar de aparentemente envolvidas numa conversa activa, as crianças não demonstraram prestar verdadeira atenção ao discursos dos colegas, adoptando, pelo contrário, um discurso egocêntrico. A repetição de palavras e sílabas, o monólogo e o monólogo colectivo, em que a criança fala em voz alta para o grupo sem que se esteja a dirigir a ele, são características de um discurso que só se torna social quando há troca de informação, crítica à acção de terceiros, quando são dadas ordens, feitos pedidos ou ameaças e quando são colocadas questões e dadas respostas.

Numa das experiências na *Maison des Petites* (idem) foi pedido às crianças que ouvissem uma história e a contassem a outra criança para que esta a reproduzisse na presença do investigador. Os resultados sugeriram que as crianças não se esforçaram para se fazer entender, presumindo que o ouvinte perceberia a explicação, fazendo, por exemplo, uso frequente de pronomes sem a preocupação de especificar a quem se referiam. Não demonstraram, também, preocupação em relatar uma sucessão ordenada dos eventos, enfatizando o evento em si e descurando a dimensão temporal e causal, um comportamento típico do período pré-operacional; segundo Piaget, este tipo de explicações acontece independentemente da capacidade que a criança tem de compreender a história. A partir dos sete, oito anos a criança não ignora estes elementos esta transformação assinala um novo período do desenvolvimento, o período das operações concretas, em que a criança demonstra ser capaz de pensar sobre as suas acções e se esforça por entender e explicar eventos e fenómenos. Piaget sugere que a inteligência adulta se consolida no período das operações formais, caracterizado pela capacidade de deduzir e testar conclusões lógicas a partir de uma hipótese inicial, existindo uma preocupação não com a manipulação de coisas, mas sim de ideias. Autores posteriores a Piaget (84) chamam a atenção para o facto de novos contextos experimentais revelarem ser possível a crianças de três anos demonstrarem a capacidade de entender a perspectiva de terceiros; os autores salientam a importância de considerar os laços emocionais que a criança estabelece com a tarefa a desempenhar e com a capacidade do investigador em comunicar com a criança.

Independentemente da rigidez dos estádios propostos por Piaget, a sua teoria do desenvolvimento tem sido um ponto de partida para outros estudos sobre a forma como as crianças entendem o mundo. Noble (85) utilizou os estádios de desenvolvimento de Piaget para avaliar a capacidade de compreender conteúdos televisivos. Segundo o autor, o pensamento egocêntrico influencia a experiência de ver televisão de cinco formas distintas. As crianças entre os dois e os cinco anos pensam os conteúdos por referência a elas próprias e em termos binários; há uma maior propensão para considerar os conteúdos reais, uma vez que a criança tem dificuldade em imaginar a possibilidade de alguém ou algo representar um papel ficcional; o carácter das personagens é inequívoco, uma personagem é boa ou má. É também característico nesta fase a criança imaginar que os acontecimentos na televisão acontecem pela sua própria intervenção, pela

---

(84) Por exemplo: Dorr, A., 1986. *Television and Children*, Londres: Sage.

(85) Noble, G., 1975. *Children in front of the Small Screen*, Beverly Hills: Sage

intervenção da criança. Uma quarta característica relaciona-se com a classificação única de eventos e objectos; quando um objecto surge no ecrã é definido pela sua localização, quando numa outra cena surge numa posição ou com um tamanho diferente a criança assumirá que é um objecto diferente. Por último, Noble refere a incapacidade de reverter os elementos numa cadeia de acontecimentos. O autor sugere que esta incapacidade impede as crianças neste estádio de desenvolvimento de relembrar o início de um programa ou prever o que acontecerá a seguir, não percebendo que uma história tem princípio, meio e fim.

Construindo sentido

Para além de considerar a forma como o desenvolvimento progressivo influencia a perspectiva da criança telespectadora, Noble sugere que a televisão, enquanto expressão de sentimentos, permite um maior conhecimento sobre a vida para além das fronteiras físicas e sociais que limitam os sujeitos. Segundo o autor, a perda dos laços familiares tradicionais e o desaparecimento da família extensa afectaram a aprendizagem social da criança, algo que pode ser compensado através da televisão e da 'interacção parassocial' proporcionada ao telespectador. Este tipo de interacção permite aprendizagens sobre comportamentos em diferentes cenários sociais, compensando a falta de interacção real. A 'interacção parassocial' ocorre quando a criança reconhece semelhanças entre personagens televisivos e pessoas que lhe são familiares; através das suas respostas ao comportamento das personagens de ficção, a criança supera a reduzida interacção com a família extensa e aprende a

QUADRO I

Os estádios de desenvolvimento aplicados à criança telespectadora ([86])

Operações Concretas		**Operações Formais**
Pré-operacional	**Operações concretas**	
Percepção de uma série de acontecimentos isolados e não a história como um todo. As personagens são entendidas como boas ou más. As crianças entre os 3 e os 4 anos provavelmente não reconhecerão as identidades das personagens principais; a sua percepção é dominada pelos cenários. Tendência para acreditar que os acontecimentos na televisão são reais. Tendência para imaginar os acontecimentos no decorrer da acção. A televisão é usada como base do brincar social. As crianças mais novas imitam os acontecimentos televisivos que servem de modelo para futuros comportamentos sociais. Incapacidade para compreender a acção emocional entre as personagens ficcionais.	Percepção dos filmes como histórias. Algum grau de dificuldade em reconciliar a história como um todo com acontecimentos isolados do enredo. Percepção incipiente dos motivos e sentimentos das personagens.	Capacidade de relembrar os filmes semelhante à dos adultos. Rejeição da fantasia e preferência por géneros mais próximos da realidade. Capacidade de avaliar conteúdos de forma não binária. A maior capacidade reflexiva e o crescente interesse no sexo oposto reflecte-se na maior compreensão dos motivos, sentimentos e comportamentos inconsistentes das personagens.

([86]) Com base em Noble, 1975, pp. 94, 102, 104, 108.

reagir a indivíduos e situações fora do núcleo familiar. Algumas personagens são particularmente bem sucedidas, a *personna*, uma personagem que fala directamente com o público (por exemplo, um apresentador de um *talk show*), cria uma maior ilusão de intimidade auxiliada por técnicas de realização, como o grande-plano, que enfatizam a proximidade com o público.

Para Noble, a influência da televisão sobre a percepção e conhecimento da criança sobre o mundo é tal que "uma criança francesa exposta a desenhos animados franceses adquirirá uma perspectiva sobre o mundo diferente de uma criança americana exposta a desenhos animados americanos" ([87]). Esta perspectiva é algo generalista e redutora; à criança de Noble não só falta uma família extensa como também parecem faltar oportunidades de socialização e interacção social para além da televisão. Se os desenhos animados franceses são distintos das produções americanas, há que considerar a influência dos contextos socio-económicos e culturais da produção na forma como as crianças entendem os conteúdos televisivos e a vida em sociedade.

Nos anos 80 a psicologia do desenvolvimento começa a conceptualizar a criança como um ser social que brinca e conversa, aprende pela interacção, adquire um quadro de referência para a conduta social e negoceia sentidos de acordo com os contextos. Bruner *et al.* ([88]) sugerem que a construção de sentido é um processo social, uma actividade situada num contexto histórico e social e no mundo social da criança, uma teia onde a linguagem, a interacção e a cognição se entrelaçam. Aprender sobre o

---

([87]) *Idem*, p. 80. Tradução minha.

([88]) Bruner, J., e Haste, H., 1987. *Making sense, the child's construction of the world*, Londres: Methuen.

mundo é um processo construtivo no qual a criança gere informações provenientes do ambiente físico e social, interpretando-as e avaliando-as. Similarmente, a criança telespectadora aprenderá sobre os conteúdos televisivos criados pelos adultos. Dorr (*op. cit.*) salienta algumas dificuldades na interpretação de conteúdos que resultam das diferenças entre a criança telespectadora e o adulto produtor de conteúdos: a criança pode não compreender ou interpretar de forma correcta um programa se não possuir conhecimentos prévios que permitam a compreensão; pode considerar que a informação transmitida está correcta ou que os conteúdos são verídicos, enquanto outros telespectadores com outro tipo de conhecimentos poderão perceber o contrário; finalmente, a criança pode avaliar os conteúdos sem considerar as intenções subjacentes à sua produção e transmissão. A autora ilustra estes problemas de interpretação, passíveis de emergir das diferenças de conhecimento entre telespectador e produtor, recorrendo a um estudo sobre um filme de animação do programa pré-escolar *Rua Sésamo* que pretendia ensinar ao público a utilidade dos binóculos. As crianças que já conheciam o objecto avaliaram correctamente a brincadeira da personagem principal, enquanto as crianças não familiarizadas com binóculos pensaram ser um objecto usado para aumentar ou diminuir o tamanho de objectos e pessoas.

A construção de sentido é um processo individual que deve ser contextualizado. Dorr argumenta que, no acto de ver televisão, os telespectadores, enquanto seres sociais, têm acesso aos mesmos sinais. Quando partilhamos uma experiência cultural estamos também a partilhar ferramentas de construção de sentido e processos de interpretar códigos. Num mesmo instante, o telespectador está envolvido em actividades de processamento de informação e actividades interpretativas e de avaliação. Através das actividades de processamento da informação, o indivíduo recolhe pistas audiovisuais, descodifica--as e armazena-as na memória para referência futura. Um filme publicitário de 30 segundos para um brinquedo baseado em personagens de acção é certamente rico em movimento, ângulos, contém mudanças rápidas de cena, música e efeitos especiais, um narrador e, por vezes, um comunicado legal sobre o produto. Segundo Dorr, esta informação não pode ser processada de uma só vez pela criança que fará escolhas sobre o que ouvirá e verá no anúncio. Feita esta selecção, a criança precisa de descodificar os conteúdos para produzir sentido, compreendendo, por exemplo, que o brinquedo representa uma personagem de um desenho animado. Depois de recolher vários sinais e de os descodificar, a criança fará uma selecção da informação a reter na memória de longa duração.

Um indicador das diferenças de desenvolvimento entre crianças é o aumento da informação adquirida desde a infância até à adolescência. Leifer e Roberts ([89]) verificaram que a compreensão das motivações e consequências de actos de violência em programas de entretenimento aumenta com a idade, bem como a memorização de eventos não relacionados com o desenvolvimento da narrativa principal. Van der Broek *et al.* ([90]) examinaram

---

([89]) Leifer, A., e Roberts, F., 1972. 'Children's responses to television violence', in Murray, J. *et al.* (eds.), *Television and social behaviour: Vol. 2 Television and social learning,* Washington DC: Government Printing Office.

([90]) van den Broek, P. *et al.*, 1996. 'Children's and Adults' Memory for Television Stories: 'The Role of Casual Factors, Story--Grammar Categories, and Hierarchical Level', in *Child Development*, 67, pp. 3010-3028.

a forma como crianças e adultos relembram eventos das histórias da *Rua Sésamo* e concluíram que a sensibilidade das crianças relativamente às relações causais entre acontecimentos divergia da dos adultos. Apesar de todos serem capazes de estabelecer relações causais, esta capacidade aumentou com a idade. Os autores concluíram que, com a idade, há uma maior tendência para focar eventos com um papel central na estrutura causal da história. Relativamente à história, as crianças centraram a sua atenção na acção, enquanto os adultos atribuíram maior importância aos objectivos e motivos das personagens. Ambos retiveram com maior frequência acontecimentos centrais à estrutura causal, o que indica que a memorização dos eventos televisivos é sistemática e que, com a idade, as representações da memória se parecem cada vez mais com uma rede de unidades de ideias relacionadas e centradas nos objectivos dos protagonistas e nos eventos que os despoletaram.

Calver *et al.* ([91]) examinam a relação entre a atenção selectiva das crianças e a sua compreensão e memorização dos conteúdos de histórias, tendo por base os aspectos formais de realização para televisão que guiam a atenção visual das crianças. Os autores classificam estes aspectos formais de acordo com a sua capacidade de captar a atenção do telespectador, a que chamam *perceptual salience*: grande intensidade, movimento, mudanças, contrastes, incongruência ou novidade. Estes aspectos formais revelaram-se positivos para a atenção das crianças que estiveram mais atentas na presença de acção rápida ou moderada das personagens, vocalizações,

---

([91]) Calvert, S., 1988. 'Television Production Feature Effects on Children's Comprehension of Time', in *Journal of Applied Developmental Psychology*, 9, pp. 263-273.

efeitos sonoros, movimentos de câmara e efeitos especiais visuais, enquanto música e *zooms* despertaram menor atenção. Estas características parecem ser significativas no direccionar da atenção das crianças para os conteúdos relevantes.

Fish (92) refere que a compreensão da narrativa pode ser afectada pelas características do programa e pelas características do espectador, nomeadamente o conhecimento prévio do tema da narrativa – pesquisa existente revela que a compreensão das crianças melhora quando: as suas origens étnicas coincidem com as representadas na televisão; o conhecimento da estrutura da história e dos esquemas gerais das estruturas narrativas; o conhecimento das convenções televisivas; as capacidades cognitivas e, finalmente, o interesse no tema da narrativa. Fish sugere que a compreensão da narrativa pode ainda ser afectada pela complexidade da mesma; pela conformidade, ou não, às estruturas narrativas familiares; pela maior ou menor necessidade de inferir informação sobre a narrativa; pela organização linear e temporal do seu conteúdo e pelo recurso, no início do programa, a pistas que alertem o telespectador para o material a que vai assistir.

O uso de esquemas mentais de informação permite aos telespectadores integrar, inferir e atribuir sentido aos conteúdos televisivos. A atribuição de sentido resulta das explicações individuais de comportamentos, sentimentos e motivos. Quando estas explicações se baseiam em informação não explícita no programa provêm de inferências produzidas por referência a conhecimentos pré-

---

(92) Fish, S., 2000. 'A Capacity Model of Children's Comprehension of Educational Content on Television', in *Media Psychology*, 2, pp. 63-91.

vios do telespectador. A terceira actividade interpretativa é a integração de sequências de conteúdos. Collins *et al.* (1974) sugerem que as crianças com menos de dez anos demonstram dificuldades em relembrar os motivos das personagens, o que indica diferenças de desenvolvimento nas actividades de interpretação, não significando, porém, que as crianças mais novas sejam incapazes de entender os sentimentos e desejos de outros.

Segundo Dunn ([93]), no ambiente familiar a criança começa a desenvolver a capacidade de perceber sentimentos de outras pessoas, uma aprendizagem propiciada pela observação e participação em discussões, conversas e jogos da vida familiar. Observando as respostas de primogénitos em relação aos seus irmãos, Dunn concluiu que as crianças de três anos demonstram saber ler, antecipar e responder aos sentimentos de bebés; da mesma forma, bebés de quinze meses começam a experimentar estratégias de conforto e provocação dos irmãos mais velhos. Em relação à capacidade de inferência, Collins *et al.* (*op. cit.*) referem que as crianças com menos de dez anos revelam dificuldades nesta actividade, entendendo menos e possuindo menos conhecimentos prévios para inferir conclusões apropriadas.

A integração de conteúdos também varia de acordo com o desenvolvimento da criança. Shapiro *et al.* ([94]) investigaram a habilidade de crianças em idade pré-escolar e no primeiro ano do ensino básico para produzirem

---

([93]) Dunn, J., 1987. 'Understanding feelings: the early stages', in J. Buner and H. Haste, *Making sense, the child's construction of the world*, pp. 26-40, Londres: Methuen.

([94]) Shapiro, L., e Hudson, J., 1991. 'Tell me a Make-Believe Story: Coherence and Cohesion in Young Children's Picture-Elicited Narratives', in *Developmental Psychology*, vol. 27, n.º 6, pp. 960--974.

histórias coerentes e coesas a partir de uma sequência de imagens. Apesar de conhecedoras da estrutura das histórias, as crianças mais novas estão ainda a desenvolver esquemas mentais de histórias e têm uma maior dificuldade em criar, sozinhas, um enredo baseado na resolução de problemas. As crianças do primeiro ano introduziram e descreveram as personagens, os seus objectivos e organizaram enredos com base na resolução de problemas que resultaram em histórias com uma maior complexidade e com os elementos básicos da narrativa (princípio e fim, cenários, descrições de personagens e acções).

Low e Durkin ([95]) analisaram a memorização de narrativas televisivas por crianças de diferentes idades (cinco, sete, nove e onze anos), apresentando duas versões da mesma história, a versão integral e uma versão editada abreviada onde se enfatizaram os componentes-chave de uma rotina. Apenas as crianças mais velhas relataram as duas versões com estruturas semelhantes. As crianças mais novas relembraram com exactidão a versão integral, mas tiveram dificuldades no relato da versão editada, revelando, ainda, uma tendência para adicionar elementos à versão integral. Com a idade verificou-se uma perda de interesse nos pormenores das versões integrais, as crianças mais velhas consideraram-nos menos interessantes. Os autores concluem que a previsibilidade e regularidade são essenciais para as crianças mais novas, enquanto as crianças mais velhas reagem positivamente ao imprevisível, adaptando as suas representações dos eventos.

([95]) Low J. and Durkin, K., 2000. 'Event knowledge and children's recall of television based narratives', in *British Journal of Developmental Psychology*, 18, pp. 247-267.

A produção de sentido a partir dos conteúdos televisivos depende, também, da avaliação de conteúdos e da reacção emocional aos mesmos. Este tipo de actividade pode resultar da evocação de experiências da vida real que levam à reacção no indivíduo; quando o telespectador não reconhece de imediato os sentimentos das personagens ocorrem as actividades de avaliação de atributos e acções. Dorr (*op. cit.*) sugere que admirar e gostar de certas personagens resulta de respostas construídas, influenciadas por códigos morais e critérios de avaliação da acção típicos do contexto cultural do indivíduo.

As actividades de avaliação dependem do reconhecimento dos eventos e da atribuição de motivos e sentimentos às personagens e da inferência e antecipação de acontecimentos que, por sua vez, são actividades cuja qualidade é influenciada pela motivação e excitação do telespectador. Segundo Dorr, quando a estimulação da criança é fraca há um menor investimento na produção de sentido dos programas televisivos, algo que acontece ainda quando há uma grande estimulação, uma vez que a criança se distrai, concentrando-se no evento ou personagem que provocou a excitação. Também o despertar de sentimentos negativos pelos conteúdos televisivos, ou acontecimentos externos simultâneos, pode resultar na memorização de conteúdos negativos e vice-versa.

Neste capítulo expuseram-se sumariamente os processos mentais que ocorrem na produção de sentido. Esta linha de análise argumenta que o desenvolvimento psicológico da criança influencia a sua compreensão dos conteúdos televisivos; as crianças têm uma menor experiência do mundo e, como tal, têm esquemas mentais de interpretação menos desenvolvidos. A programação televisiva para crianças deve ser planeada e pensada segundo as necessidades dos diversos públicos, o que só pode resultar de um conhecimento informado sobre os mesmos. O próximo capítulo apresenta abordagens teóricas centradas nos sentidos veiculados pelos textos audiovisuais, sugerindo que estes são construções ideológicas resultantes das pressuposições dos seus produtores sobre os públicos.

Segunda Parte

ANIMAÇÃO PARA A INFÂNCIA: CRIAÇÃO, DISCURSOS, USOS

Capítulo III

O Texto Animado como Comunicação

Os primeiros capítulos deste livro demonstram como os discursos das crianças sobre os textos dos *media* vão para além de meras reproduções dos discursos dos adultos; os públicos mais novos produzem argumentos complexos e racionais a partir da consideração dos conteúdos, das circunstâncias de visionamento, do contexto de debate e dos seus esquemas mentais e experiências de vida. Se um professor mostra um filme na sala de aula pedindo o comentário dos alunos, é provável que as respostas divirjam dos comentários produzidos no grupo de amigos sem a presença de adultos. As salas de aula são guiadas por um sistema 'meritocrático' e as crianças estão cientes da avaliação do seu desempenho. Um criador de animação deverá considerar uma série de questões, desde o perfil do público-alvo, às exigências da direcção de programação do canal televisivo onde o programa será exibido.

Em termos de análise do processo de comunicação, há uma necessidade de traçar estratégias que permitam entender as condições em que o texto de animação é criado, recebido e debatido, considerando a forma como os públicos são construídos e a influência que essas construções têm no conteúdo do texto audiovisual, procurando os sentidos ideológicos que este comporta. A análise semiótica é uma abordagem teórica-metodológica da comunicação como um processo social estabelecido através de símbolos. Este tipo de análise procura entender os sistemas que permitem a sinais como palavras, imagens, objectos possuir determinados significados sociais ([96]); estes sistemas são códigos segundo os quais os sinais estão organizados.

Modelo de Análise

O modelo aqui utilizado considera três níveis de análise: a realização de filmes de animação para crianças, o filme animado enquanto texto e os públicos. Pretende-se entender de que modos se constroem sentidos desde a produção do programa até ao momento da sua recepção. O filme de animação, neste caso o desenho animado para televisão, é uma mensagem transmitida pela televisão, criada e enviada pelos técnicos de animação e de televisão para um grupo de receptores, os públicos infantis. A principal preocupação da análise aqui proposta prende-se com as semelhanças, ou discrepâncias, entre a mensagem original e os seus sentidos intencionais e a descodificação efectuada pelos públicos receptores.

([96]) Bignell, J., 1997. *Media Semiotics, an introduction*, Manchester: Manchester University Press.

A análise começa pelo estudo da estrutura narrativa e das características semióticas dos programas de animação, concentrando-se, posteriormente, na percepção e entendimento da mensagem por parte de criadores e públicos. Um processo representado esquematicamente da seguinte forma:

QUADRO II

O Modelo de Análise

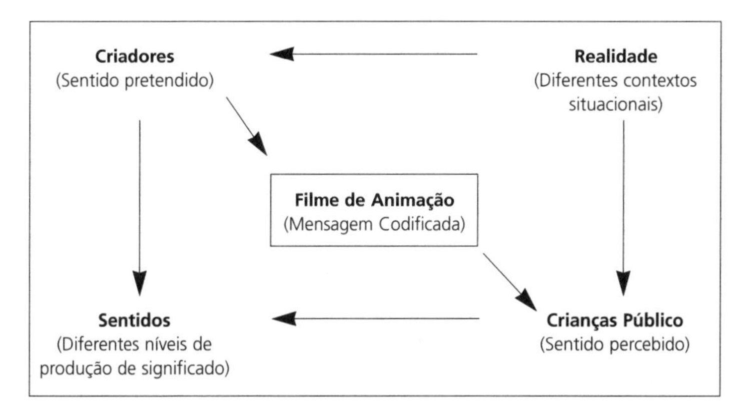

Na comunicação de massas a construção de sentido resulta de um processo, dos actos de codificar e descodificar mensagens. Hall ([97]) argumenta que o modelo de comunicação de massas tradicional concebe o processo de comunicação como um circuito linear onde a mensagem circula do emissor até ao receptor; ao concentrar-se na troca de mensagens, este modelo vê a comunicação como um processo simplista, não reconhecendo a

([97]) Hall, S., 1993. 'Encoding, Decoding', in During, S. (ed.), *The Cultural Studies Reader*, pp. 507-517, Londres: Routledge.

complexidade dos diferentes momentos. Utilizando o exemplo da televisão, Hall sugere que o circuito comunicacional se inicia no momento em que as estruturas institucionais de difusão produzem um programa. Estes programas, ou mensagens, estão, segundo o autor, imbuídos de conhecimentos e pressupostos resultantes das rotinas de produção, das aprendizagens técnicas, das ideologias profissionais, dos saberes institucionais e das pressuposições sobre as características dos públicos. No caso da televisão para crianças, estas pressuposições resultam da infância idealizada pelos adultos e das suas próprias memórias de ser criança, assim como de fontes e discursos integrantes da estrutura social, política e cultural nas quais se inserem. Também a recepção de um programa de televisão é incorporada na sua produção, na medida em que os criadores e os difusores têm em consideração os públicos ao qual a produção se destina.

As mensagens televisivas são descodificadas de formas distintas e nem sempre existe uma simetria entre codificação e descodificação. As distorções na descodificação resultam da falta de equivalência entre as relações estruturais de criadores e difusores e os públicos, bem como dos diferentes códigos usados no momento da transformação do discurso. Os códigos audiovisuais apresentam versões da realidade naturalizadas e Hall considera que as diferentes arenas da vida social estão organizadas de acordo com sentidos preferenciais ou dominantes. Apesar de ser possível descodificar eventos recorrendo a mapas de conhecimento distintos, existem padrões de leituras que se institucionalizaram. Um exemplo recorrente relacionado com a programação infantil é a crença, por parte de criadores e responsáveis de programação, na predisposição das meninas para assistir a histórias com protagonistas masculinos e na relutância dos meninos em assistir a programas sobre heroínas. Como se verá nos próximos capítulos, os meninos que participaram na investigação aqui apresentada demonstraram apreciar histórias sobre personagens femininas; mesmo quando afirmam não o fazer, as suas críticas informadas dos programas identificados como sendo 'para meninas' indicam o oposto.

O processo de codificação influencia a descodificação mas não garante a sua conformidade. A codificação impõe limites e parâmetros dentro dos quais a descodificação irá operar; se assim não fosse, os públicos interpretariam livremente as mensagens. Apesar de algumas discordâncias, existe um grau de reciprocidade entre o momento de codificação e de descodificação, sem o qual a comunicação não seria possível. Hall sugere que existem três posições hipotéticas para descodificar o discurso televisivo: hegemónica ou dominante, negociada e oponente. A primeira indica uma situação de comunicação transparente: o telespectador descodifica a mensagem utilizando as mesmas referências do codificador; as posições negociadas reconhecem a legitimidade das posições hegemónicas quando benéficas, mas transgridem as regras sempre que necessário; as leituras oponentes resultam de um entendimento da mensagem enviada baseado numa descodificação contrária à preferencial, recorrendo a quadros de referência alternativos.

Considerando brevemente os resultados apresentados mais adiante, é possível argumentar que os profissionais de animação entrevistados adoptam uma posição negociada ao produzirem animação 'culturalmente específica' que não compromete o produto no mercado internacional. A posição das crianças, no entanto, é menos óbvia; conclui-se, por exemplo, que as crianças criaram histórias conformes às representações estereotipadas de feminino/masculino, mas, por outro lado, revelaram ser capazes de reinventar personagens e enredos globais, adaptando-os a contextos específicos.

Segundo Tudor ([98]), a hegemonia depende de uma liderança cultural que controla a forma e nível de cultura, conseguindo dominar o sistema produtivo e social, alcançada através da conquista do consentimento activo das classes e grupos subordinados. A produção de consentimento é a função chave dos *mass media* numa formação social. Hodge e Kress ([99]) sugerem que nas sociedades capitalistas, como na maior parte das formações sociais, existem desigualdades na distribuição de poder e bens causadores de divisões sociais. Os grupos dominantes tentam representar o mundo de modo a beneficiar os seus interesses, mantendo assim as estruturas de dominação. Os grupos dominados, contudo, nem sempre ignoram esta dominação e tentam resistir; é destas relações sociais que emergem as ideologias contraditórias.

Grossberg *et al.* ([100]) vêem os *media* como importantes produtores de sentido na medida em que divulgam textos ideológicos. Tal não significa que apoiem abertamente as elites dominantes, mas que aceitam sem questionar uma série de relações sociais em concordância com as relações sociais de poder. As ideologias promovem os padrões e códigos dos grupos que controlam o poder na sociedade, sendo difíceis de desafiar por serem

---

([98]) Tudor, A., 1999. *Decoding Culture – Theory and method in cultural studies*, Londres: Sage.

([99]) Hodge, B. and Kress, G., 1988. *Social Semiotics*, Londres: Polity Press.

([100]) Grossberg, L. *et al.*, 1998. *Media Making, Mass Media in a Popular Culture*, Thousand Oaks: Sage.

mistificações apresentadas como naturais e universais. Schriato e Yells ([101]) partilham esta perspectiva, considerando que a primeira função da ideologia é a de criar comunidades onde a harmonia equivale à manutenção das posições sociais, e a segunda função a de naturalizar marcadores de diferença como a cor da pele; desta forma, os grupos privilegiados podem comportar-se como se fossem naturalmente superiores.

A repetição de narrativas e géneros em diferentes meios de comunicação social garante a reafirmação do estatuto das elites e explica a eficácia das ideologias. A programação dos canais generalistas, por exemplo, destina-se a um vasto público, mas as distinções entre as circunstâncias culturais e sociais dos telespectadores são frequentemente sub-representadas. Os públicos mais novos, em particular, são homogeneizados sendo pensados como um segmento que inclui indivíduos dos quatro aos catorze anos. Bazalgette e Buckingham ([102]) argumentam que a ideia de as crianças, tal como outros grupos sociais subordinados, serem semelhantes nos seus gostos, interesses e inspirações é poderosa e generalizada. Para os autores, a impossibilidade da programação infantil reside no facto de, apesar de ser para crianças, ser controlada por adultos; os textos transportam relações de poder implícitas mas não necessariamente coercivas. Importa perceber o que os adultos querem ou exigem das crianças através destes textos.

([101]) Schriato, T., e Yells, S., 2000. *Communication and cultural literacy*, 2.ª ed., St Lonards: Allen & Unwin.

([102]) Bazalgette, C., e Buckingham, D., 1995. 'The Invisible Audience', in Bazalgette, C., e Buckingham, D., *In Front of the Children, Screen Entertainment and Young Audiences*, Londres: British Film Institute.

> Os mitos lidam com aberrações, com 'monstros', com seres desviantes, transgressores. Mais do que demonstrar, eles reflectem de forma directa a lógica de uma cultura, os sistemas primários e categorias que organizam o pensamento e comportamento em sociedade que mantém essa cultura ([103]). (Hodge e Tripp) ([104])

Para Hodge e Tripp, compreender os mitos exige a compreensão das transformações e da estrutura do enredo ao longo de um filme ou uma série; esta capacidade proporciona ao espectador a possibilidade de prever desenvolvimentos e apreciar variações. A análise semiótica permite examinar os códigos audiovisuais mediante os quais as mensagens televisivas estão organizadas, assim como os pilares dessa organização, as estruturas paradigmática e sintagmática ([105]) que, segundo Hodge e Tripp, desvendam os conteúdos ideológicos.

A análise de uma série de animação para crianças proposta pelos autores considera as estruturas sintagmáticas e paradigmáticas, categorizando-as em três variáveis: tempo, espaço e continuidade. Em relação ao tempo distinguem entre sintagmas coexistentes num mesmo tempo e sintagmas que representam períodos de tempos distin-

---

([103]) Tradução minha.

([104]) Hodge, B., e Tripp, D., 1996. *Children and television, a semiotic approach*, Cambridge: Polity Press, p. 15.

([105]) O linguista francês Ferdinand de Saussure entende a linguagem como sendo composta por **signos** que transportam sentidos, como tal são componentes fundamentais da linguagem na medida em que moldam a nossa percepção da realidade, construindo-a. Os signos são estruturados através de ***sintagmas*** e de ***paradigmas***. Se imaginarmos dois eixos, o eixo horizontal corresponde ao sintagma e o eixo vertical ao paradigma. O sintagma é a ordem pela qual os signos estão organizados num texto; o paradigma, as escolhas possíveis de signos. Esta terminologia proposta pelo autor em finais do século XIX é ainda hoje utilizada na análise semiótica.

tos; da mesma forma, os autores apontam para a existência de sintagmas que decorrem num mesmo espaço ou em espaços diferentes, referindo que a classificação do espaço e do tempo resulta de possíveis combinações destas categorias. A escolha de combinações pode influenciar a compreensão do texto; sintagmas coexistentes no espaço e tempo revelam a continuidade do texto de forma simples e fluida, exigindo um menor conhecimento das convenções cinematográficas e, por tal, de mais fácil compreensão para as crianças mais novas. Em relação à continuidade Hodge e Tripp referem dois tipos de estrutura paradigmática, aquela em que cada paradigma está subordinado a uma opção geral, proporcionando coerência ao texto; no segundo tipo de estrutura os paradigmas existem lado a lado produzindo uma sucessão de acontecimentos sem um desenvolvimento e fim definidos.

Quanto à sua organização, os autores consideraram duas estruturas sintagmáticas: a sequência de abertura, que inclui os títulos, créditos e informação sumária sobre o mito de *Fangface,* e a história, que segue uma fórmula baseada em buscas e perseguições. Os sintagmas dividem-se em categorias paradigmáticas, frequentemente organizadas em oposições binárias; as personagens, por exemplo, podem ser categorizadas em masculinas/femininas, velho/novo, classe média/operariado.

A sequência de abertura oferece uma explicação sucinta do sentido da história apresentando pormenores sobre a personagem principal e sobre a importância do mito. Os componentes verbais desta sequência funcionam como âncoras que limitam o número de opções interpretativas que os elementos visuais oferecem aos espectadores; através dos sinais verbais identifica-se a personagem principal e a sua função, bem como outros conceitos abstractos como tempo e causalidade, não sugeridos directamente pelos componentes visuais. Para a compreensão dos componentes visuais, a sequência é dividida em cenas, posteriormente analisadas com base nas oposições binárias. Numa das cenas a personagem Fangface usa um boné com a pala para trás sinalizando, segundo Hodge e Trip, uma oposição entre conformidade e inconformidade ou normal e anormal. Reconhecendo que os espectadores poderão fazer leituras distintas devido ao carácter polissémico dos códigos de comunicação, os autores atentam nos mecanismos usados para reforçar os sentidos pretendidos. A repetição é um desses mecanismos: no início de cada episódio de *Fangface* é mostrada a história da personagem principal relembrando constantemente as suas origens e permitindo uma determinada leitura do enredo. Paralelamente à análise da narrativa e dos códigos visuais, Hodge e Tripp enfatizam a necessidade de, num meio de comunicação como a televisão, estudar outros elementos como a linguagem usada, as pronúncias, a familiaridade dos cenários, de forma a compreender as ideologias e mitologias subjacentes.

Um último momento de análise proposto pelos autores é a consideração dos discursos dos telespectadores, não só dos seus conteúdos, mas também dos marcadores que os acompanham. A energia da fala, o volume de som, a entoação, as pausas, os silêncios, os risos permitem distinguir as diferentes identidades adoptadas pelas crianças permitindo o controle da influência dos discursos de pais, educadores e pares nos discursos das crianças através de reacções que exprimem hesitação, confiança, aprovação dos pares, felicidade, medo. Esta análise proporciona um entendimento mais abrangente da importância do contexto na construção de sentido e na construção da identidade da criança no momento de visualização e de discussão dos conteúdos televisivos.

A animação para crianças, cujas narrativas são frequentemente inspiradas por contos tradicionais, confere à televisão o papel de 'contador de histórias'. Para compreender estes textos, as suas estruturas e os seus sentidos recorreu-se a referências como os modelos de análise narrativa propostos por Propp e Berger. Nos anos 20, Vladimir Propp, estudioso dos contos tradicionais do folclore russo, propôs uma morfologia do conto popular, analisando a sua estrutura através da interdependência entre os componentes do sistema com o intuito de produzir classificações estandardizadas dos elementos do texto que permitissem estabelecer comparações entre contos. Do estudo sobre o 'conto heróico maravilhoso' russo, Propp concluiu ser possível em cada história, apesar de diferenças superficiais, identificar oito papéis de personagens (esferas de acção) e trinta e uma funções com base nas acções dessas personagens e suas consequências.

Berger ([106]) (1992) considera que as funções de Propp podem ser aplicadas às narrativas contemporâneas, com as devidas adaptações, exemplificando através da análise de um filme da série James Bond, *Dr. No*.

([106]) Berger, A. 1992. *Popular culture genres, theories and texts*, Londres: Sage.

QUADRO III

Funções de Propp aplicadas ao *Dr. No*, segundo Berger

Funções de Propp	Símbolo	Acontecimentos no texto
Situação inicial	α	Agentes introduzidos na Jamaica
O vilão ataca	A	Agentes mortos, lançados ao mar
Mediação	B	Desgraça conhecida, herói despachado
Herói consegue agente mágico	F	Bond obtém arma nova
Herói deixa o lar	↑	Bond voa para a Jamaica
Herói é atacado	H	Fruta envenenada, centopeia, etc.
Herói conduzido ao objecto procurado	G	Bond e Quarrel vão para a ilha
Herói perseguido	Pr	Os homens de No procuram Bond
Proposta de tarefa difícil	M	Fuga atravessando conduta
Vilão punido	U	Bond mata Dr. No
Reaparição da heroína	T	Honeychile é operada ao nariz
Herói casa	W	Bond e Honeychile fazem amor

Inspirado no trabalho de Propp, Berger desenvolve o método das oposições bipolares; segundo o autor, de cada vez que pensamos num vilão pensamos também no herói, isto porque os conceitos adquirem sentido através de relações. Da mesma forma, sempre que seguimos a acção de uma personagem fazemos a sua interpretação em termos de contra-acções de personagens oponentes. Para Berger, fazemos sentido de conceitos, noções ou ideias contrastando-os com o seu oposto. 'É por isso que quando lemos ou ouvimos a palavra rico, automaticamente contrastamo-la com pobre [...]. Se toda a gente tiver muito dinheiro, rico perde o significado; rico significa algo apenas por contraste com pobre' ([107]) (*ibidem,*

([107]) Tradução minha.

pp. 29-30). Assim, o autor defende que o foco da análise não deverá ser as estruturas sintagmáticas mas as oposições binárias centrais reveladas pela análise paradigmática que facilitará a compreensão dos sentidos das falas e acções das personagens.

O modelo de Propp fornece ferramentas objectivas para a análise das estruturas das narrativas; Berger procura entender de que forma os textos veiculam sentidos. Mas como podermos ter a certeza de que os públicos encontram sentidos semelhantes aos encontrados pelo investigador? Os dois modelos apresentam pontos de partida fulcrais para a comparação de narrativas, mas são insuficientes para perceber as leituras dos públicos, exercício que implica o uso de estratégias complementares na procura do conhecimento do processo comunicativo como um todo.

Capítulo IV

O Filme de Animação para Crianças Globalização, Consumo, Identidade

A importância da animação para crianças é inegável. Seja na televisão pública ou privada, os horários para crianças são preenchidos por uma quantidade considerável de programas enquadrados neste género, um meio privilegiado para contar histórias, por oferecer possibilidades infinitas relativamente à narrativa, às personagens e aos cenários. O desenho animado é entendido como um produto televisivo para a infância e nenhum canal televisivo desenha a grelha de programação para os mais novos sem uma boa dose, e por vezes *overdose*, de programas de animação. A sua selecção não será, contudo, consensual, devido às preocupações com a adequação dos conteúdos aos públicos: Serão demasiado violentos? De que forma poderão ajudar o desenvolvimento físico e psicológico da criança?

Apesar das preocupações suscitadas pela programação televisiva para crianças, em particular pelos programas da animação, existem poucos estudos académicos que se debrucem sobre a análise dos seus conteúdos. Este capítulo procura colmatar esta falta, abordando a animação para crianças através de diversos ângulos. Primeiro, define-se animação explicando como esta é aqui entendida; depois, apresenta-se uma revisão dos debates em torno da comercialização e globalização da animação para crianças e da influência destes fenómenos nas questões de identidade; por último, consideram-se estudos que incidem sobre o público-alvo e os usos que as crianças fazem dos programas de animação.

Definindo a animação para crianças

A *Association of International Film Animation* (ASIFA) define animação como acção não real ([108]). Paul Wells ([109]) sugere duas abordagens distintas baseadas em aspectos técnicos e em questões artísticas. Tecnicamente, o autor define o filme de animação, em particular a animação tradicional, como o resultado de uma ilusão de acção criada pelo registo individual de cada fotograma. Artisticamente, Wells salienta o potencial de subversão do filme de animação citando realizadores cujas definições de animação são baseadas na sua capacidade de transformar a realidade ([110]): "Animação é dar vida e alma a um desenho, não através da cópia mas pela transformação da realidade" (Escola de Zagreb); "Se a tarefa

---

([108]) Pilling, J., 1997. *A Reader in Animation Studies*, Sydney: John Libbey & Company Pty Ltd.

([109]) Wells, P., 1998. *Understanding Animation*, Londres: Routledge.

([110]) Traduções minhas.

do filme de acção real é apresentar a realidade física, o filme animado preocupa-se com a realidade metafórica – não com o que aparenta ser, mas com o que significa" (John Halas e Joy Batchelor); "A animação permite-me dar poderes mágicos às coisas. Nos meus filmes movo muitos objectos, objectos reais. De repente, o contacto diário com objectos comuns adquire uma nova dimensão lançando dúvida sobre a realidade. Por outras palavras, uso a animação como forma de subversão" (realizador checo Jan Svankmajer).

As percepções do público relativamente à animação parecem ter mudado nos últimos anos; uma ida ao cinema para ver um filme de animação deixou de ser o resultado do acompanhar de crianças, passando a ser, também, um prazer legítimo do público adulto. Filmes como *o Estranho Mundo de Jack* e *A Noiva Cadáver* de Tim Burton; *A Fuga das Galinhas* da produtora Aardman; *A Princesa Mononoke* e *A Viagem de Chihiro* do realizador japonês Hayao Miyazaki; e programas de televisão como *The Simpsons* e *South Park* têm atraído a atenção dos públicos adultos e alterando a percepção de que a animação é 'coisa de crianças'. Não obstante, a sua associação com os públicos infantis parece ter imprimido um estatuto de inferioridade que resultou na insuficiência de trabalhos críticos e teóricos sobre o género. Segundo Pilling (*op. cit.*), durante os anos 20 e 30, na Europa e Rússia, o filme de animação era debatido como integrante do movimento do filme modernista, alegando que a marginalização da animação se deve, em grande parte, à 'disneificação' que a associou ao entretenimento para crianças e famílias, tornando-a um campo interdito a críticos de cinema e teóricos.

Walt Disney contribui para o desenvolvimento da animação, a sua empresa exibiu o primeiro filme animado a cores – em 1932 assinou um contrato que lhe conferia direitos exclusivos sobre o processo Technicolor de três cores e em 1937 lançou o filme *Branca de Neve e os Sete Anões* ([111]); aperfeiçoou a técnica de sincronização labial; foi pioneiro no desenvolvimento do que Raffaelli ([112]) designou como a sátira do comportamento humano, explorando os movimentos das personagens e a expressão física das suas emoções. Wells aplicou o termo de Eco 'hiper-realidade' para descrever toda a animação que, tal como os filmes Disney, pretende reproduzir o comportamento humano e o realismo dos filmes de acção real.

A obra de Disney tem sido responsabilizada pelo desdém crítico da animação, como refere Pilling, bem como pela estandardização e imposição de limites criativos à forma como as histórias são contadas, ditando estilisticamente, e durante um longo período, a adaptação dos contos de fadas ao ecrã. Zipes ([113]) sugere que os estúdios Disney controlam o mercado dos filmes baseados em contos de fadas, e como consequência, qualquer realizador que pretenda adaptar uma história para cinema utiliza os filmes Disney como referência e tenta ultrapassá-los. Como apologista da subversão, Zipes considera que as produções Disney não pretendem explorar histórias nem educar crianças, mas sim a uniformização,

---

([111]) Bendazzi, G., 1994. *Cartoons, one hundred years of cinema animation*, Londres: John Libbey & Company Ltd.

([112]) Raffaelli, L., 1997. 'Disney, Warner Bros. and Japanese animation' in Pilling, J., *A reader in Animation Studies*, pp. 112-136, Sydney: John Libbey & Company.

([113]) Zipes, J., 1995 'Once upon a time beyond Disney' in Bazalgette, C., e Buckingham, D. *In front of the children: screen entertainment and young audiences*, pp. 109-126, Londres: British Film Institute.

com o intuito de criar uma marca identificável e de celebrar o individualismo e a superioridade masculina.

Estas críticas são produzidas sem a consideração das diferenças entre públicos adultos e crianças. Wells salienta a inevitabilidade da diferenciação de leituras produzidas por adultos e crianças originada pelas diferenças na escala de socialização. Neste sentido é importante evitar o simples ignorar da animação para crianças com base no seu carácter comercial ou a sua consideração apenas quando passa a ser foco de interesse dos públicos adultos. Langer, por exemplo, discute a série de animação *The Ren & Stimpy Show*, criada para o canal americano *Nickelodeon* por John Kricfalusi, enfatizando os conflitos emergentes entre as estratégias do canal relativamente ao *marketing* de produtos para o público massificado e a estética alternativa do criador direccionada para os fãs da animação alternativa. Langer sugere que o valor cultural atribuído a um programa pelos fãs conhecedores da arte da animação desaparece no momento em que o programa se massifica. No entanto, a exclusividade não é valorizada de forma semelhante entre crianças. Messenger-Davies ([114]) lembra que esta característica tem especial valor para os adultos mas o oposto certamente ocorrerá quando consideramos as culturas da infância onde as modas, e não o exotismo da diferença, são valorizadas. Apesar dos *rankings* demonstrarem que o programa duplicou a audiência entre as crianças até aos onze anos, Langer praticamente ignora este público, limitando-se a referir que a directora do canal na época terá considerado que a repugnância causada pelas personagens apelaria aos mais novos.

([114]) Messenger-Davies, M., 2001. *Dear BBC. Children, television storytelling and the public sphere*, Cambridge: Cambridge University Press.

A necessidade de afirmação da animação como forma de arte afastou a animação para crianças dos debates analíticos; como se referiu, este subgénero apenas emerge do seu lugar marginalizado quando cativa adultos. A preocupação com o interesse dos adultos está presente até no momento da criação. Em entrevista com a autora, um criativo da produtora portuguesa *Animanostra* (criadora da série *Os Patinhos*) especializada em animação para crianças, referiu que o desenho animado japonês *Dragon Ball*, uma série criticada pelos seus conteúdos violentos, será mais cativante em termos de estilo e conteúdo do que a série *Pokemon,* que atingiu sucesso global entre as crianças.

Elliot e Rossio ([115]), num artigo sobre o filme *Shrek* da *DreamWorks*, referem que, ao criar um filme para crianças, a principal preocupação não é com os gostos infantis mas com o que os adultos pensarão do produto. Finn Arnesen ([116]), da *Cartoon Network Europe*, sugeriu haver uma linha ténue entre animação para crianças e animação para adultos. Arnesen salientou a importância de produzir programas relevantes para a vida das crianças, abordando questões como a rivalidade entre irmãos, com um toque de humor, ao mesmo tempo que considera essenciais referências intertextuais que possam tornar o programa apelativo para jovens adultos.

A oposição entre a televisão para adultos e para crianças não contribui para uma definição do que será a animação para crianças, pelo contrário, reforça a noção

---

([115]) Elliot, T., e Rossio, T., 2001 'The following article has been approved for all audiences', in *Scr(i)pt*, pp. 38-41, Maio/Junho 2001.

([116]) Numa palestra no âmbito dos *Bristol Animated Encounters 2001.*

de que esta será uma forma inferior de entretenimento e aponta para a desassociação entre a animação e os públicos infantis. São os públicos, mais do que as suas características intrínsecas, que definem este subgénero da animação. Por um lado, institucionalmente, a televisão para crianças é definida através de regulamentações com vista ao proteccionismo (controlando a qualidade pela imposição de limites a conteúdos sexuais e violentos) e à educação; por outro, a qualidade é também medida pelo apelo aos públicos adultos.

Retomando a questão da subversão que, como já se referiu, é um aspecto fulcral para a definição da animação como arte, importa perceber até que ponto esta está presente na animação para crianças. Como se aprofundará nos próximos capítulos, o carácter subversivo pode estar presente na animação para os mais novos, talvez não tanto no estilo, mas na narrativa. A *anime* (animação com estilo japonês distinto) para crianças, por exemplo, cria mundos onde a autoridade dos adultos raramente comanda as crianças em demanda. De acordo com Raffaelli (*op. cit.*), os heróis deste tipo de animação são, frequentemente, crianças sem o apoio de uma família, que é substituído pela capacidade da criança em acreditar em si mesma travando as suas batalhas para alcançar a autoconfiança. O herói *anime* está determinado a mudar a sua vida alcançando o respeito da sociedade – a centralidade do indivíduo elimina a temática religiosa. Nas sociedades ocidentais as crianças são consideradas seres dependentes cuja capacidade de participação activa é questionada; nos filmes e séries *anime* ocorre o oposto, já que o mundo dos adultos e a sua autoridade são subvertidos.

Apesar do carácter comercial, é possível encontrar paralelismos entre os contos de fadas tradicionais e certa animação para crianças. Para o psicanalista Bruno

Bettelheim ([117]), os contos de fadas são essenciais para o desenvolvimento psicológico da criança, pois oferecem fantasias que possibilitam, de forma simbólica, a realização pessoal. Segundo o autor ([118]), a televisão é um meio ideal para dar largas à fantasia, permitindo viagens constantes e imediatas entre o mundo da fantasia e a vida real. A perda da liberdade para explorar o mundo envolvente sem a supervisão de adultos é compensada através da televisão, que desperta o imaginário da criança e possibilita o exercício da autodeterminação. Bettelheim alerta, no entanto, para o facto da televisão raramente oferecer exemplos de personagens cujas experiências resultem num crescimento pessoal. Frequentemente, as personalidades das personagens permanecem, previsivelmente, as mesmas e os desafios que enfrentam são, normalmente, de fácil resolução proporcionando aos públicos infantis modelos comportamentais enganadores. Esta limitação é típica do meio de comunicação, os formatos televisivos tendem a simplificar situações para manter a atenção da audiência. Na opinião de Bettelheim é crucial que a família acompanhe a experiência televisiva da criança, ajudando-a a aprender com a televisão.

Contrário à crença na infância como uma fase de inocência, Bettelheim argumenta que as crianças albergam fantasias violentas e fantasias sexuais longe de inocentes. Os programas de televisão permitem à criança sonhar acordada e gerir as suas frustrações e os desapon-

---

([117]) Bettelheim, B., 1976, 1991. *The uses of Enchantment, the meaning and importance of Fairy Tales*, Harmondsworth: Penguin Books.

([118]) Bettelheim, B., 1999. 'Do children need television?', in Lohr, P., e Meyer, M., *Children, Television and the New Media*, pp. 3-7, Luton: University of Luton Press.

tamentos resultantes da falta de oportunidade para participar nas decisões respeitantes à sua vida. Através de fantasias agressivas a criança projecta a sua agressividade sem prejudicar as pessoas que lhe são próximas; daí que os desenhos animados onde personagens pequenos e frágeis derrotam os mais fortes sejam gratificantes para as crianças.

Um aspecto distintivo da animação, independentemente de ser ou não considerada uma forma menor de arte, é a possibilidade de contar histórias onde as personagens nunca estão limitadas às leis da física. As personagens Disney podem ser concebidas com o intuito de imitar o movimento humano e animal, mas o carácter transformacional das personagens animadas significa que estas, ou outras concebidas por diferentes estúdios, nunca serão somente representações gráficas da realidade. Bettelheim sugere ser possível às transformações ocorridas nas histórias resolver relacionamentos que a criança não consegue compreender ou gerir. Situações como a retratada na história *O Capuchinho Vermelho*, em que o lobo substitui a avó da heroína, ajudam a criança a preservar uma boa imagem de um ente querido quando este a surpreende negativamente pelo reforço da ideia da existência de duas personalidades distintas.

Apresentar uma definição de animação para crianças pode incluir a consideração dos mesmos elementos propostos para a definição da animação como arte: a transformação mágica da realidade, assim como a sua apresentação metafórica e subversão. Contudo, o paralelismo deverá ir mais longe no sentido de propor uma reflexão sobre a forma como as transformações mágicas e a subversão da realidade operam ao nível dos públicos mais novos, aceitando as diferenças entre crianças e adultos no que respeita a necessidades e leituras do real.

Uma possível definição da animação-arte para crianças poderá delinear-se do seguinte modo: todo o filme animado que permita a transformação mágica e a subversão do contexto sociocultural particular da criança, de uma forma para ela significativa.

Globalização e Identidade

Apesar de a história da animação ser rica em referências mundiais ([119]), é nos E.U.A. que se forja a sua produção e distribuição em massa. Constatando-se a grande relevância atribuída pela análise académica ao estudo do contributo da animação americana para a comercialização das culturas da infância, será pertinente uma breve consideração à sua génese como género e indústria. A subsecção seguinte é dedicada ao surgimento do império Disney, uns dos grandes nomes da animação para crianças, considerando, também, outros factores que em determinados momentos influenciaram a competição pelo sucesso nas bilheteiras e pelo ditar de tendências para os ecrãs.

Para além de Disney

Windsor McCay é considerado o primeiro artista da animação americana clássica (Bendazzi ([120]); Kanfer ([121])),

---

([119]) Ver, por exemplo: Bendazzi, G., 1994. *Cartoons, one hundred years of cinema animation*, Londres: John Libbey & Company Ltd.

([120]) *Ibid.*

([121]) Kanfer, S., 2000. *Serious Business: The art and commerce of animation in America from Betty Boop to 'Toy Story'*, New York: Da Capo Press.

o seu primeiro filme data de 1911 e intitula-se *Little Nemo of Slumberland*. Anos mais tarde, num jantar para artistas de animação, MacCay declara: "A animação deveria ser uma arte, é assim que a concebo [...] mas vejo que o que os colegas fizeram foi transformá-la num negócio... não uma arte, mas um negócio... Paciência" (citado em Bendazzi, op.cit.). Na época Nova Iorque tornou-se um importante centro para a animação, aqui estavam localizados estúdios com os mais eficientes sistemas de produção, entre os mais prósperos encontravam-se o grupo *Fleisher*, o grupo *Pat Sullivan*, criador da personagem *Félix, o gato*, o desenho animado mais popular da América até ao nascimento do *Rato Mickey*, e o grupo de Paul Terry *Aesop Fable Studio*.

No início dos anos 20, Walter Elias Disney deu os primeiros passos na arte do desenho animado e fundou a *Laugh-O-Gram Films Inc.* Kanfer (op.cit.) sugere que o trabalho de Disney é influenciado pela obra dos irmãos Fleisher e por *Félix*, já que uma das suas primeiras personagens foi precisamente um gato que fazia uso da sua cauda para uma diversidade de funções. Em 1923, depois de declarar falência, Disney muda-se para Hollywood e em 1928 lança, com grande êxito, *Steamboat Willie* onde surge pela primeira vez a personagem *Rato Mickey*; a sua próxima produção, *Silly Symphonies*, valeu o primeiro *Oscar* ao estúdio. Desde o início que os seus filmes se caracterizaram pelo realismo.

O sucesso das suas produções permitiu a expansão da empresa; Walt Disney criou uma escola de arte para futuros animadores e introduziu um sistema de produção taylorista, colocando equipas especializadas a trabalhar em etapas específicas da produção. Segundo Bendazzi (*op. cit.*), o principal objectivo de Disney era a conquista da classe média, oferecendo entretenimento, reconhecendo que os seus filmes não tinham pretensões culturais ou intelectuais. Com o tempo, os filmes de animação tornaram-se uma pequena parte da sua empresa; nos seus últimos anos de vida os maiores investimentos voltaram-se para os filmes de acção real e para a criação da *Disneylândia*. A sua morte, em 1966, coincidiu com o começo de um período de depressão da indústria americana de animação.

Na década de 60, três canais televisivos americanos, ABC, CBS, e NBC, dão início à transmissão dos primeiros programas de animação nas manhãs de sábado; a qualidade dos programas era preterida a favor das produções de baixo custo, muitas das quais importadas do Japão. Como consequência os estúdios de produção tentam baixar os custos reduzindo o número de celulóides por minuto, afastando-se, assim, do realismo. O formato televisivo impõe mudanças à animação tradicional. Nos E.U.A., como refere Wells ([122]), a censura provocada por um proteccionismo emergente do público infantil propiciou a monitorização de conteúdos considerados inadequados; os próprios artistas, cientes dos constrangimentos televisivos, impõem a auto-censura ao seu trabalho. Relativamente ao formato, a curta duração dos programas exigia um enfoque na narrativa relegando as características visuais para segundo plano e a constante interrupção dos programas para a exibição de publicidade, ou mudança de canal, obriga a repetições para evitar quebrar o ritmo da história.

Neste período, a empresa de produtos alimentares *Kellogg's* patrocina a série *Huckleberry Hound* que se transforma num modelo para futuras produções televi-

---

([122]) Wells, P., 2001. 'Children's Cartoons', in Creeber, G. (ed.), *The Media Genre Book*, Londres, British Film Institute.

sivas. O estúdio que produziu a série, *Hanna & Barbera*, tornou-se líder nesta área com produções como *O Urso Yogi*, *Os Flinstones* e *Scooby-Doo* as quais parecem ter alcançado sucesso pela semelhança estrutural com séries de acção real e não pelo seu carácter original ou excepcional qualidade. Bendazzi (*op. cit.*) sugere que os fundadores do estúdio terão sentido alguma nostalgia pelos dias em que a animação era feita com maior cuidado e dedicação; referindo-se à sua obra. Bill Hanna disse um dia: "De facto, às vezes sinto que me devia enfiar debaixo de uma cadeira".

Outra fórmula de sucesso na época, que continuou a prosperar nos anos 70 e 80, foi a aventura de herói; personagens da banda desenhada como o *SuperHomem*, *Capitão América*, *AquaMan* ou *Batman & Robin* foram adaptados ao pequeno ecrã. Apesar de demonstrarem poucas preocupações do ponto de vista artístico, estas séries originam grandes possibilidades de investimento em subprodutos. A colaboração entre os estúdios de produção e a indústria de brinquedos favoreceu o sucesso das séries de animação. Mesmo assim, os custos de produção eram de tal forma elevados que grande parte do processo passou a ser entregue a empresas sedeadas no estrangeiro; o departamento criativo permanece no estúdio mas os restantes aspectos técnicos acontecem em países como Taiwan, Coreia do Sul, México, Espanha e Austrália onde se encontra mão-de-obra mais barata.

De acordo com Wells (*op. cit.*), o sucesso de *Hanna & Barbera* deveu-se, principalmente, à forma como o estúdio reinventou a animação. Para se ajustarem à televisão, adoptaram uma estética minimalista exigindo poucos esforços para a criação das personagens e dando primazia à voz como um factor determinante na sugestão de movimentos. Segundo o autor, a ênfase nas dinâmicas da voz e a primazia do guião transformaram a forma como os públicos vêem a animação; o trabalho do estúdio influenciou futuras gerações de artistas tal como o hiper-realismo de Disney. Num contexto de crise, a recombinação de desenhos, músicas e piadas bem sucedidas em episódios anteriores permitiu a reinvenção da animação e a cativação dos públicos massificados.

Os anos 80 testemunharam a revitalização da longa-metragem de animação, o filme de Steven Spielberg *An American Tail* foi um marco neste período, apesar de, como refere Kanfner (*op. cit.*), não apresentar grandes inovações relativamente aos filmes da *Disney*, cujos estúdios introduziram pela primeira vez, em 1985, a animação por computador. O filme *Toy Story*, da *Pixar*, foi o primeiro inteiramente produzido por computador.

O mercado global da animação

A paisagem dos *media* está a ser transformada pelas novas tecnologias mas também pelas mudanças no mercado. Outrora distintos, os mercados nacionais integram-se na estrutura global de poder e uma minoria de grupos económicos controla o mercado dos *mass media* a uma escala global distribuindo produtos culturais a públicos maiores e mais distantes do que nunca. Carlsson ([123]) refere que esta nova ordem está a transformar a cultura dos meios de comunicação na esfera

---

([123]) Carlsson, U., 2000. 'Foreword', in von Feitlitzen, C., e Carlsson, U. (eds.): *Children in the New Media Landscape, Games, Pornography, Perceptions*, pp. 9-12, Gothenburg University, The UNESCO International Clearinghouse on Children and Violence on the Screen at Nordicom.

pública e privada, permitindo uma cada vez mais livre circulação de informação e atenuando as fronteiras nacionais. A globalização não significa, contudo, um acesso igualitário aos *media*, persistem grandes diferenças entre países desenvolvidos e países em vias de desenvolvimento. O *Human Development Report* (124) de 2001 indica, por exemplo, que 95,2% dos servidores de Internet se encontram nos países mais ricos.

Para Barker (125) a globalização é um fenómeno que deve ser entendido a vários níveis. Um fenómeno económico, pois caracteriza-se pela actividade económica à escala mundial, sendo metade das maiores unidades económicas nações e a outra metade corporações transnacionais, neste sentido tornou-se um processo de criação de uma economia mundial com crescimentos desiguais. A globalização pode, também, ser definida por referência aos significados culturais, incluindo textos, representações e identidades; o espaço deixa de ser determinante para a familiarização e assimilação de diferentes culturas, fenómenos que ocorrem através dos *mass media*; os artefactos e significados culturais de diferentes períodos e lugares misturam-se e justapõem-se.

Analisando a globalização da televisão, Barker considera que a televisão transnacional opera de forma transversal às fronteiras dos Estados-nação e às comunidades linguísticas sendo, por tal, considerada uma ameaça à televisão que se faz dentro de cada Estado-nação. A televisão transnacional afecta a economia das televisões locais, a sua regulação e identidade.

---

(124) <http://hdr.undp.org/reports/global/2001/en/>.

(125) Barker, C., 1997. *Global Television, an introduction*, Oxford: Blackwell.

Actualmente os grandes grupos económicos como *The Walt Disney Company* – que em 2001 aparece em segundo lugar, depois da *AOL-Time Warner* e seguida pela *Viacom*, entre as empresas com maiores lucros a nível mundial (126) – controlam os conteúdos da televisão para crianças causando impactos consideráveis nas indústrias de *media* locais. Nos anos 90 foram introduzidos cerca de 50 canais temáticos para públicos infantis, entre os quais canais globais como o *Disney Channel*, o *Cartoon Network* e o *Fox Kids Network*. No seguimento da sua popularidade muitas televisões nacionais mantiveram uma política de baixos investimentos na produção de programas para crianças. Num olhar sobre as tendências da produção de programas para a infância, um relatório da UNESCO (127) refere que, por exemplo, na maior parte dos países asiáticos apenas uma pequena percentagem dos programas exibidos na televisão se destinam a crianças e quase 47% destes são de origem estrangeira. Na Coreia do Sul, de acordo com Kim e Lee (128), desde os jogos olímpicos de Seul que o governo sul coreano tem levado a cabo a abertura do mercado a várias indústrias culturais tornando propícia a entrada de produtos oriundos de empresas transnacionais, entre as quais a *The Walt Disney Company* que domina o mercado da animação e cuja filial coreana reenvia mais de metade dos seus lucros para a empresa mãe nos E.U.A. Segundo os autores, um grupo de desenhadores e

---

(126) *Variety*, 27 de Agosto a 02 de Setembro, 2001.

(127) von Feilitzen, C., e Bucht, C., 2002. *Outlooks on Media and Children*, The UNESCO International Clearinghouse on Children, Youth and Media, NORDICOM, Gothenburg University.

(128) Kim, S. H., e Lee, K. S., 2001. 'Korea: Disney in Korean Mass Culture', in Wasko, J., e Meehan, E. R. (eds.): *Dazzled by Disney?*, Londres, Leicester University Press.

animadores anti-comercialismo, apostando num estilo e conteúdos reflectindo a cultura coreana, viu os seus filmes criticados por um público que os considerou de fraca qualidade e pouco familiares. Também na Europa a produção interna de programas para crianças diminui; já em 1995 apenas 37% deste tipo de programação era de origem europeia, sendo a maioria, particularmente nos países latinos, importada dos E.U.A.

Em muitos países europeus, e segundo Garitonandia *et al.* (*op. cit.*), os canais generalistas têm reduzido regularmente a produção e transmissão de programas feitos especialmente para crianças, tendendo para pequenos espaços dos horários matutinos. Tais opções justificam-se pelo crescimento dos canais temáticos e pelo facto dos índices de audiências demonstrarem que as crianças mais velhas preferem programação destinada à família e público adulto. O último argumento não convence os autores já que pode reflectir uma falsa realidade, devendo considerar-se que a programação oferecida pelos canais generalistas à faixa etária em questão é limitada e o visionamento de programas orientados para a família pode reflectir escolhas feitas por outros elementos do agregado familiar.

Neste contexto de globalização, os pequenos estúdios procuram soluções através de co-produções internacionais. Esta opção torna as produções economicamente viáveis mas implica concessões a nível dos conteúdos. As co-produções internacionais requerem um grande esforço para obter um consenso; diferentes países têm diferentes interesses e ideias sobre o que é apropriado ou não para crianças e a especificidade cultural está, necessariamente, comprometida. Se as grandes multinacionais podem ser acusadas de imperialismo capitalista, as empresas mais pequenas sofrem pressões do mercado no sentido da conformidade e do apelo a públicos globais para tornar os seus produtos rentáveis. Um dos programas analisados neste estudo – *O Conto das Três Irmãs que Caíram na Montanha* – surge no contexto de uma co-produção internacional. Em entrevista, os seus produtores referiram que o episódio foi tratado com particular sensibilidade, pois o comportamento de uma personagem (o Troll que convida três meninas a serem suas namoradas) poderia ser associado, por alguns, ao comportamento de um pedófilo.

Uma outra tendência a considerar é o que Tobin ([129]) chama 'glocalização', o fenómeno de transformar localmente as produções globais. Para o autor, séries como *Pokemon* obtiveram sucesso mundial por serem despidas de referências à cultura onde são produzidas, no caso a cultura japonesa. Contudo, como se verá mais adiante, a privação de elementos culturais específicas nem sempre é totalmente conseguida; por outro lado, a 'glocalização' permite às equipas locais imprimir elementos culturais específicos e potencialmente relevantes para os públicos.

O *International Cleringhouse Yearbook* da UNESCO sobre *media* e juventude Wescott (2002) apresenta uma panorâmica sobre a globalização da animação para crianças analisando as estratégias das 'três grandes' – *Cartoon Network*, *The Walt Disney Company* e *Nickelodeon* – referindo que ainda não alcançaram a dominação global. As empresas operam sob um controlo financeiro estrito, qualquer investimento em mercados

---

([129]) Tobin, J., 2002. 'Pikachu's Global Adventure' in von Feilitzen, C., e Bucht, C., *Outlooks on Media and Children*, pp. 53--68, The UNESCO International Clearinghouse on Children, Youth and Media, NORDICOM.

externos só é feito quando há garantias de um retorno numa curta margem de tempo. O investimento na produção local é reduzido; em 2000 no Reino Unido, por exemplo, apenas o canal *Nick Júnior* adquiriu 53% dos seus conteúdos a produtores britânicos, todos os outros canais fizeram investimentos inferiores a 10%. Wescott sugere que as 'três grandes' galvanizaram os canais generalistas para o investimento em canais temáticos (em 2002 a BBC lançou os canais para crianças *CBBC* e *CBeebies*; o *Canal J* e *Teletoon* foram lançados em França; na Alemanha surgiu o *Kika*). Algumas politicas públicas, nomeadamente na França e Canadá, incrementaram a procura no mercado internacional de produtos locais através do financiamento do desenvolvimento do mercado interno; o sistema de quotas de programação na C.E. favoreceu as produções de origem europeia; e séries que atingiram a popularidade global, como *Pokemon* de origem japonesa, demonstram como as produtoras americanas não detêm o monopólio das produções de sucesso.

Em todo o caso, Zanker ([130]) alerta para o aumento das audiências dos canais temáticos e para o decréscimo das audiências dos canais generalistas de livre acesso, bem como a mudança de direcção dos programas mais populares como é o caso da série *Os Teletubbies*, originalmente um investimento da BBC alcançou grande êxito nos E.U.A para a empresa PBS e do sucesso alcançado por *Pokemon* para a *Warner Bros Kids*. Paralela-

---

([130]) Zanker, R., 2002. 'Tracking the Global in the Local: On Children's Culture in a Small National Media Market' in von Feilitzen, C., e Carlsson, U., *Children, Young People and Media Globalisation*, The UNESCO International Clearinghouse on Children, Youth and Media, NORDICOM.

mente, as produções nacionais, quando existem, têm que competir com produções internacionais, surgindo em horários menos sedutores ou competindo com produções internacionais mais populares transmitidas em simultâneo noutros canais.

Questões de Conteúdo

A análise da televisão global é importante, pois as suas narrativas são divulgadas à escala mundial, vulgarizando pressuposições ocidentais sobre a realidade. Na opinião de C. Barker (*op. cit.*), importa perceber a forma como estas narrativas explicam o mundo em que vivemos; nestas, encontramos respostas para a escolha de condutas e modos de vida socialmente aceites. Na medida em que resulta de produções ocidentais, a televisão global é equacionada como um sinónimo de imperialismo cultural geralmente relacionado com a compra de programas americanos, produções dominadas por temáticas americanas, serviços de informação dominados pelos E.U.A. e as adaptações de formatos americanos para consumo doméstico.

A animação para crianças é particularmente vulnerável a nível económico e cultural. Os altos custos de produção levam os produtores a procurar o lucro e financiamento nos mercados internacionais, comprometendo, por vezes, as ideias originais de modo a tornar o produto apelativo orientando-o para as especificidades culturais do mercado dominante. As co-produções internacionais, apesar de financeiramente mais estáveis, não estão imunes às pressões existindo sempre o risco da prevalência das exigências e interesses do maior investidor.

Os estúdios *Disney* têm sido alvo privilegiado de críticas pelo carácter comercial e industrial dos seus produtos, também acusados de contribuir para a disseminação da 'cultura americana', isto é, da promoção de ideologias conservadoras da classe-média, branca, americana. Análises como as de Bell *et al.* (131) e Smoodin (132) debruçam-se sobre o legado de Walt Disney e sobre o impacto causado pela cultura popular, ideologias e políticas americanas através dos seus filmes. Já no início dos anos 70, Dorfman e Mattelart (133) tinham criticado os livros de banda desenhada da *Disney* por promoverem o 'sonho americano' e celebraram um modo de vida específico imposto a outras culturas. Sob uma perspectiva marxista, os autores sugerem que as histórias representam as relações sociais opressivas entre a burguesia e a classe trabalhadora, assim como a 'superioridade' das sociedades industriais sobre os países do 'terceiro mundo'. A única relação que o centro (a burguesia citadina) estabelece com a periferia (os trabalhadores selvagens e infantis) é turística e sensacionalista, referem.

Mais recentemente Giroux (134) sugere que os filmes para crianças não são de todo histórias inocentes, pois constroem uma cultura da infância comercializada e reaccionária. Relativamente aos filmes da *Disney*, o

---

(131) Bell *et al.* (eds.), 1995. *From Mouse to Mermaid, the politics of film, gender, and culture,* Indiana: University Press.

(132) Smoodin, E., 1994. *Disney discourse, producing the magic kingdom*, New York: American Film Institute.

(133) Dorfman; A., e Mattelart, A., 1971. *How to read Donald Duck: Imperialist ideology in the Disney comic,* Nova Iorque: I.G. Editions.

(134) Giroux, H., 1995. *Animating Youth: the Disneification of Children's Culture* <http://www.gseis.ucla.edu/courses/ed253a/Giroux/Giroux2.html>.

autor considerou a forma como representam sexo e raça problemática, na medida em que tende para a limitação dos papéis masculinos e femininos e para a apresentação de um 'outro', estrangeiro, estereotipado. As personagens femininas, segundo o autor, surgem subordinadas às masculinas; o seu sentido de poder e desejo é definido quase exclusivamente em torno de narrativas masculinizadas. No filme *A Pequena Sereia*, por exemplo, Ariel começa por se querer afirmar como pessoa lutando contra o poder paternal e partido para explorar o mundo dos humanos. No entanto, este desejo de afirmação acaba por ser reduzido à vontade de estar com um humano, o príncipe Eric. Para Giroux, apesar do carácter de adolescente rebelde de Ariel, as crianças são levadas a crer que o desejo, escolha e poder estão intimamente ligados com atrair e amar homens bonitos.

Os estereótipos raciais são outra grande questão ligada à animação dos estúdios *Disney*; um dos exemplos mais controversos é o filme *Aladino*, lançado em 1989 e vencedor de dois *Oscares*. Giroux considera que o filme representa de forma racista a cultura árabe desde a canção de abertura, *Arabian Nights*, cuja letra refere ([135]): 'Eu venho de um país distante onde vagueiam as caravanas de camelos. Onde te cortam as orelhas se não gostam da tua cara. É bárbaro, mas hey, é a minha casa'. Para o autor este tipo de representações reforça os estereótipos sobre a cultura árabe divulgados pelos *mass media* durante a Guerra do Golfo. As características físicas e os fortes sotaques da versão americana caracterizam os árabes como grotescos e violentos. Esta pers-

---

([135]) No original: "I come from a land / From a faraway place / / Where the caravan camels roam. Where they cut off your ear / If they don't like your face. / It's barbaric, but hey, it's home'.

pectiva é partilhada por Felperin ([136]), para quem o filme possui um discurso de orientalismo definido, genericamente, como um conjunto de leituras impostas pelas instituições ocidentais sobre o que se considera ser o oriente déspota e irracional.

Apesar de não se pretender ignorar a importância de abordar e compreender o imperialismo cultural, devem considerar-se dois aspectos passíveis de equilibrar esta perspectiva. Primeiramente, a análise de Giroux centra-se na versão americana original e não considera as escolhas feitas pelas adaptações locais em diferentes países. Que sotaques usam, como traduzem os discursos, serão as suas representações baseadas em estereótipos sobre o oriente ou remeterão para estereótipos sobre o próprio país (através, por exemplo, da utilização de sotaques e entoações de voz característicos de determinadas regiões)? Em segundo, a análise expressa um ponto de vista unilateral, o do investigador; a argumentação poderia ser reforçada, ou não, pela inclusão do público-alvo, numa tentativa de entender de que modo as crianças interpretam o papel social de cada personagem e como os enquadrariam no seu quotidiano e na apresentação dos seus 'eu' sociais.

Em relação ao carácter comercial da animação para crianças, as críticas terão que ser tecidas para além dos filmes *Disney*; muitas produções americanas surgem ligadas à indústria dos brinquedos. Num estudo sobre personagens de animação, Kline ([137]) sublinha a existên-

---

([136]) Felperin, L., 1997. 'Disney's *Alladin* and Orientalism', in J. Pilling: *A reader in Animation Studies*, pp. 137-142, Sydney: John Libbey & Company.

([137]) Kline, S., 1995. 'The empire of play, emergent genres of product-based animations' in Bazalgette, C., e Buckingham, D., *In front of the children: screen entertainment and young audiences*, pp. 151-165, Londres: British Film Institute.

cia de três subgéneros nos desenhos animados americanos, resultantes de estratégias de *marketing* que originam programas, para diferentes idades e sexos, baseados em personagens com potencial para serem transformadas em brinquedos, um cenário só possível num contexto não regulamentado. O autor analisou 85 séries em estreia na década de 80 onde identificou características e as organizou em três categorias de programa, todas com sinais óbvios de orientação para o mercado: *Action Teams* (as equipas de acção), *Imaginary Companions* (amigos imaginários) e *Female Heroes* (as heroínas). O primeiro subgénero destina-se a meninos entre os cinco e os nove anos de idade, assemelha-se às narrativas de acção/aventura dos filmes e das séries de televisão; a história desenvolve-se em torno de conflitos solucionados pelo confronto físico entre personagens de acção tornadas brinquedos (como *G.I. Joe* ou *He-Man*). A segunda categoria baseia-se em personagens 'fofas' (como os *Estrunfes* , *Os Ursinhos Carinhosos* ou *O meu pequeno Poney*) cuja acção se desenrola em torno de desafios domésticos; estes desenhos animados têm uma função social e são considerados apropriados para um público pré-escolar. Finalmente, os programas sobre heroínas têm personagens femininas nos papéis principais de narrativas em torno de relações sociais complexas e dos interesses sobre moda (o autor refere a série *Barbie* como exemplo).

A análise de Kline carece de actualidade, algumas das séries que analisou já não serão transmitidas e novas categorias poderão ter emergido ou evoluído, como é o caso da categoria *Female Heroes*, hoje existem séries com protagonistas femininas com interesses para além da moda (por exemplo *Os Thornberrys*, a série do canal *Nickelodeon* onde a heroína, Elisa, demonstra grandes preocupações ambientais). A abordagem do autor tem, no entanto, valor pela chamada de atenção para as ligações entre a indústria dos brinquedos e a animação para crianças. A série *Pokemon* é um exemplo recente do sucesso desta relação; o programa cativou meninos e meninas de várias idades, de diversas origens culturais e sociais, da Ásia, à Europa e à América, tornando-se um fenómeno global do entretenimento para crianças nos ecrãs, nos recreios, na Internet. Seiter (138) salienta o carácter único deste apelo generalizado; como *anime*, a série desvia-se das séries de acção tipicamente americanas onde as aventuras violentas dominam e aponta para transformações na cultura de massas da infância oriundas não da América mas do Japão.

A globalização não é simplesmente uma forma de imperialismo cultural é, também, um meio para a circulação de múltiplos discursos culturais numa escala mundial desde que seja respeitada a diversidade dos conteúdos, um ponto frisado na Declaração Universal da Diversidade Cultural e defendido por Hall (139). O autor sugere que a televisão de qualidade é aquela que respeita a diversidade de representações, de programação e todas as características consideradas de qualidade e debatidas na esfera pública. Tal como indica o sucesso das séries de *anime*, a porta está aberta para narrativas não necessariamente conformes aos valores e estilos de vida ocidentais.

Os textos televisivos são polissémicos, transportam múltiplos significados determinados pela construção do

---

(138) Seiter, E., 1995. *Sold separately*, New Brunswick: Rutgers University Press.

(139) Hall, S., 1992. 'The Question of Cultural Identity' in Hall, S. *et al.* (eds.) *Modernity and its Futures*, Cambridge: Polity Press.

texto e pelos contextos onde são consumidos. A construção de sentido e o lugar ocupado pela televisão diferem entre culturas, sexos, classe, idade e até dentro de uma mesma sociedade. O sucesso global da animação é possível pelo potencial de transformação e adaptação do texto aos sistemas de referência significativos para públicos em diversos contextos. A narrativa e estilo originais podem ser adaptados por alusões culturais específicas quando a dobragem é uma opção; as pronúncias e sotaques, os nomes, as localidades, piadas, referências históricas e comentários sociais são alguns dos elementos passíveis de conferir especificidade cultural a um programa.

Questões de Consumo

Stuart Hall ([140]) define identidade como um conceito relativo localizado na história e construído por oposição ao que não é. A identidade, nestes termos, constrói-se pela diferenciação de alguém em relação ao 'outro'; a identificação consegue-se através de narrativas do 'eu' construídas entre jogos de poder e exclusões. Nas sociedades contemporâneas as identidades encontram-se fragmentadas resultando da intersecção de discursos por vezes antagonistas e de práticas e posições em constante mudança. Para Hall, a unidade e homogeneidade fundamentais ao termo identidade não são naturais, mas sim limites construídos. Num mundo onde a tecnologia e a economia encurtam distâncias, a identidade deixa de poder definir-se por critérios geográficos e políticos; Hall chama a atenção para a necessidade de considerar os

---

([140]) Hall, S., 1996. 'Who needs identity?' in Hall, S., e du Gay, P., *Questions of Cultural Identity*, Londres: Sage.

fenómenos migratórios do pós-colonialismo e o processo de globalização transformadores do carácter 'permanente' de muitas populações e culturas. Noutra ocasião ([141]) o autor considera a unidade de uma nação como um produto da partilha de sentidos de pertença nacional representados por histórias, imagens, símbolos e rituais que perpetuam as tradições e possibilitam a continuidade da nação. As culturas nacionais são engrenagens discursivas que representam a diferença como identidade e mantêm uma unidade entrecruzada por divisões internas através do exercício de poder cultural.

A consideração desta diversidade interna está, frequentemente, ausente das abordagens ao papel da televisão nas culturas da infância, tendo como consequência a produção de visões deterministas sobre o lugar ocupado por este meio de comunicação no quotidiano das crianças e homogeneizadoras da infância. Apesar de demonstrarem uma preocupação com as crianças enquanto público da televisão, tais abordagens desassociam as crianças dos programas por não considerarem os seus discursos sobre os textos. Importa conhecer os contextos em que as crianças vivem e vêem televisão e avaliar o impacto dos mesmos na construção de sentido. Estudos como o de Messenger-Davies ([142]) revelam que as crianças não são simplesmente um público homogéneo, mas sim indivíduos conscientes da sua identidade e do lugar que ocupam na teia social. Para a autora, os *media* e as suas narrativas reflectem e formam identidades sendo a infância uma fase particularmente importante neste processo. As res-

---

([141]) Hall, S., 1992. 'The Question of Cultural Identity' in Hall, S. *et al.* (eds.) *Modernity and its Futures*, Cambridge: Polity Press.

([142]) Messenger-Davies, M., 2001. *Dear BBC. Children, television storytelling and the public sphere*, Cambridge: Cambridge University.

postas das crianças à televisão revelam características da sua identidade, da forma como se vêem a si próprias e como desejam ser vistas pelos outros em relação a questões como a idade, o sexo, a classe e a identidade cultural.

Buckingham ([143]) apresenta um argumento semelhante; para o autor a televisão não confere sentido; a construção de sentido é feita pelos telespectadores que não se limitam a absorver passivamente os conteúdos mas os debatem e utilizam como tema de conversa. O acto de ver televisão não é um passatempo anti-social é sobretudo uma actividade social que ocorre frequentemente na companhia de terceiros tornando-se um elemento vital das nossas vidas sociais, pois é usada no quotidiano para construir e suster as relações sociais, bem como a percepção de pertença e identidade social. Segundo o autor, as relações sociais entre os membros de um grupo e as negociações discursivas determinam os sentidos atribuídos aos conteúdos televisivos. O social parece ter uma forte influência na experiência de ver televisão e no sucesso da programação para crianças. Numa análise sobre o sucesso da série *Pokemon*, Buckingham e Sefton-Green ([144]) sugerem que o apelo da série não é somente individual – levando a criança a processar e memorizar a variedade de informação disponível sobre as múltiplas personagens – mas, também, interpessoal na medida em que a aquisição de informação fornece tópicos de conversa e brincadeira entre pares, favorecendo a interacção e identificação com um grupo.

([143]) Buckingham, D., 1993. *Children Talking Television: The Making of Television Literacy*, Londres: The Falmer Press.

([144]) Buckingham, D., e Sefton-Green, J., 2003. 'Gotta catch'em all: Structure, agency and pedagogy in children's media culture', in *Media, Culture & Society*, Vol. 25, pp. 379-399.

A televisão global merece, então, maior atenção. Considerar que impõe valores e referências culturais não é suficiente para perceber o seu verdadeiro impacto nos públicos. Em 2001 ([145]) Wasko *et al.* publicaram os resultados do *The Global Disney Audiences Project,* que procurava avaliar a expansão e recepção global dos produtos *Disney* entre consumidores de dezoito países. O estudo dedicou especial atenção ao impacto de produtos mediáticos internacionais em diferentes culturas, revisitando as questões do imperialismo cultural e da cultural global; as conclusões demonstram que a complexidade destes temas ultrapassa as avaliações mais comuns. Os jovens adultos dinamarqueses que participaram na investigação demonstraram não ter aceite os valores presentes nos programas sem colocar reservas; Drotner ([146]) sugere que, pelo contrário, estes terão suscitado reflexões sobre a identidade cultural e ilustra a sua conclusão com o exercício de atribuição de identidade efectuado por um dos participantes que considerou o *Pato Donald* uma personificação da mentalidade dinamarquesa, politicamente incorrecta, enquanto o *Rato Mickey* se identificaria com a sua construção do que é ser americano.

A ideia de uma globalização mediada está, também, presente no trabalho de Lemish ([147]) com crianças israe-

---

([145]) Wasko, J. *et al.* (eds.), 2001. *Dazzled by Disney?*, Londres: Leicester University Press.

([146]) Drotner, K., 2001. 'Donald seems so Danish: Disney and the formation of cultural identity', in Wasko, J. *et al.* (eds.), *Dazzled by Disney?*, pp. 102-120, Londres: Leicester University Press.

([147]) Lemish, D., 2002. 'Between Here and There: Israeli Children Living Cultural Globalization', in von Feilitzen, C., e Bucht, C., *Outlooks on Media and Children*, pp. 125-134, The UNESCO International Clearinghouse on Children, Youth and Media, NORDICOM.

litas que proporcionou dados sobre a emergência de uma cultura híbrida onde as influências locais e globais são notórias no consumo simultâneo de textos locais e de textos transnacionais que, por vezes, possuem até conteúdos ideológicos opostos; na produção local de produtos culturais oriundos de outras contextos (como as telenovelas ou a música *pop*) e no consumo de textos globais aos quais são atribuídos sentidos específicos do contexto de quem os consome. Neste sentido, Lemish considera que globalização e localização não devem ser entendidas como movimentos dicotómicos, pois a globalização poderá envolver a ligação dos contextos locais das crianças com contextos mais amplos e, simultaneamente, incorporar a localização em tendências globais. Retomando os conteúdos da série *Pokemon*, também Lemish concluiu que as crianças participantes no seu estudo impuseram sentidos locais a este produto global e destacaram a importância dada pela série a valores primários como a amizade, amor, devoção, sacrifício, ajuda e preocupação com o outro, tendo assimilado a ideia de que a identidade e unidade conferem força e poder ao grupo. Para Lemish a socialização na cultura israelita, onde se valoriza a identidade de grupo, propicia estas leituras e construções de sentido; as crianças são educadas para a prevalência da colectividade sobre o individualismo, enfatizada pela noção de consciência e responsabilidade nacional e pela devoção à sociedade.

No início deste capítulo referiu-se que a programação infantil causa ansiedades, nem sempre justificáveis, a vários níveis. A televisão global pode condicionar as percepções que as crianças têm do mundo devido à disseminação de estereótipos, mas olhando para os resultados da presente pesquisa compreende-se que as crianças podem ser telespectadoras críticas da animação. A animação da *Disney*, por exemplo, não surgiu no topo das preferências das crianças que participaram no estudo e, apesar de a terem referenciado, foi possível verificar uma adaptação dos conteúdos à realidade local. Porque a animação, em crescente globalização, ocupa um lugar de destaque nas culturas infantis e porque a investigação nesta área é, ainda, incipiente, os próximos capítulos propõem caminhos para explorar o tema de diferentes ângulos.

Capítulo V

A Relação entre Animação e Crianças Telespectadoras. Estratégias de Investigação

Este capítulo apresenta as técnicas de investigação utilizadas na análise de diferentes momentos do processo de comunicar, desde a produção até à recepção da mensagem. Explica-se a razão das escolhas, as estratégias de aplicação das técnicas de investigação e consideram-se as dificuldades encontradas ao longo do processo de recolha de dados.

Criativos

Para analisar a forma como os profissionais da animação constroem a infância através dos programas produzidos e as suas ideias sobre animação para crianças, combinou-se uma análise semiótica dos programas com entrevistas, pretendendo reduzir o grau de subjectividade decorrente da análise semiótica isolada. Pretendeu-se, através da entrevista, compreender os objectivos dos programas, definir os seus públicos-alvo, as leituras preferenciais e as mensagens emitidas. De acordo com Wimmer e Dominick ([148]), as entrevistas em profundidade são feitas a pequenas amostras da população, proporcionam informação extensiva sobre os motivos dos entrevistados, revelando as suas opiniões, valores, memórias, experiências e sentimentos, bem como as reacções não verbais. Esta estratégia foi utilizada nas entrevistas aos criativos portugueses com os quais foi possível contactar pessoalmente.

A nível internacional, o contacto pessoal nem sempre foi viável; grande parte dos criativos envolvidos na produção dos *The Animated Tales of the World* foi entrevistada recorrendo ao correio electrónico. Produziu-se um guião de entrevista posteriormente enviado para contactos em diversos países. Neste contexto a estratégia de investigação baseou-se numa técnica híbrida com características do questionário e da entrevista directiva. Foi enviado aos entrevistados um conjunto de questões às quais poderiam responder livremente. Apesar de apresentar vantagens, nomeadamente aliviando a pressão da resposta imediata, esta estratégia revelou-se desvantajosa na medida em que não permitiu beneficiar da conversa directa entre investigadora e entrevistado. Um outro obstáculo foi a língua utilizada: alguns entrevistados revelaram dificuldades em produzir respostas em inglês, a língua utilizada para o contacto. Verificou-se, também, alguma relutância em participar na entrevista; nem todos os indivíduos contactados se mostraram dispostos

---

([148]) Wimmer, R. D. and Dominick, J. R., 2000. *Mass Media Research, An Introduction*, 6.ª ed., Belmont: Wadsworth.

a colaborar. As respostas obtidas foram analisadas em função de tópicos de interesse ([149]) com vista à compreensão das construções da infância expressas, prestando especial atenção à informação relativa à concepção de programas para públicos locais e internacionais.

Texto

Os programas de animação analisaram-se como textos portadores de mensagens codificadas; neste exercício, a análise da narrativa e a análise semiótica são técnicas particularmente úteis por permitirem compreender o modo como o texto é dirigido aos públicos e avaliar qual o público-alvo, respondendo às questões básicas: O que é representado? De que forma se representa? Por quem e para quem é representado? A ênfase foi colocada na construção das identidades pelas representações de sexo, idade e especificidade cultural.

A análise de textos audiovisuais implica a consideração de imagem, som e narrativa. Assim, consideraram-se os elementos simbólicos e técnicos para o estudo da imagem e som; de acordo com Hansen *et al.* (*op. cit.*) os elementos técnicos incluem aspectos como ângulos e movimentos de câmara, iluminação, técnicas de montagem, som e efeitos sonoros, entre outros. Os elementos simbólicos relacionam-se com escolha de cores, adereços, cenário, localização e escolha dos protagonistas (no caso da animação consideram-se as personagens e os

---

([149]) Hansen, A. *et al.*, 1998. *Mass Communication Research Methods*, Londres: Macmillan Press.

actores que lhes dão voz). Os sentidos são produzidos da combinação dos dois tipos de elementos.

O uso dos elementos técnicos e simbólicos está subordinado à construção da narrativa definida, por Bordwell e Thompson (150), como uma cadeia de eventos que ocorrem num determinado espaço e tempo numa relação de causa-efeito. Tipicamente a narrativa tem uma situação inicial que origina uma sucessão de acontecimentos culminando numa nova situação, a resolução final. O conjunto de acontecimentos, os representados explicitamente e os que podem ser inferidos dos indícios na narrativa, forma a história. O enredo inclui elementos diegéticos (tudo o que constitui a acção da história) e não diegéticos (tudo o que o espectador vê e ouve, desde os créditos, à banda sonora e efeitos especiais, à acção representada).

Para examinar a narrativa utilizaram-se duas estratégias: a análise sintagmática e a análise paradigmática. A primeira pode ser ilustrada pela análise, proposta por Propp, do desenvolvimento sequencial do enredo da narrativa e, segundo Hansen el al. (*op. cit.*), é útil na medida em que identifica as pressuposições e estruturas subjacentes a todas as histórias. A análise sintagmática permitiu identificar os elementos do enredo (incluindo a estrutura e as funções e papéis das personagens) e compreender até que ponto se podem considerar universais ou, pelo contrário, encontrar diferenças emergentes dos contextos socioculturais de produção. A análise paradigmática baseia-se na ideia de que o sentido pode ser melhor entendido recorrendo à categorização de oposições bipolares. Para Hansen *et al.* (*idem*) as oposições

---

(150) Bordwell, D. and Thompson, K., 1988. *The classical Hollywood cinema: film style & mode of production to 1960*, Londres: Routledge.

binárias ajudam a definir a essência dos textos, seja pela análise dos mitos e ideologias ou pela identificação dos principais pontos evocados no texto. Este tipo de análise permitiu a identificação de sentidos preferenciais das mensagens, proporcionou pistas relativas ao seu público-alvo e às pressuposições sobre as crianças. Simultaneamente, proporcionou a reflexão sobre as questões de identidade através da consideração das relações entre personagens e dos seus papéis na narrativa, descodificando, por exemplo, a forma como o género sexual e a etnia são representados.

Públicos

O estudo de Valkenburg e Janssen (*op. cit.*) serviu de ponto de partida para o trabalho de campo com as crianças, tendo sido com base neste que se esboçou o estudo-piloto. Os referidos autores investigaram as preferências das crianças enquanto públicos de televisão, conduzindo entrevistas de grupo com o objectivo de compreender o que as crianças valorizam nos programas de televisão. Entrevistaram 37 crianças holandesas e americanas, dos seis aos onze anos de idade, separando meninos e meninas para evitar constrangimentos que, segundo os autores, ocorrem em grupos mistos. Da análise das entrevistas emergiram doze categorias: humor, violência, *suspense*, mistério, acção, romance, credibilidade / realismo, identificação com modelos, compreensibilidade, carácter instrutivo, originalidade e carácter inofensivo. Tendo esta lista como ponto de partida, os autores prepararam a segunda etapa da sua investigação construindo um questionário baseado numa escala de três pontos (concordo, concordo mais ou menos, discordo), tendo concluído que a compreensibilidade e a acção emergiram como as características mais importantes para as crianças de ambos os países, seguidas de humor, interesse e carácter inofensivo. O realismo, a violência e o romance foram considerados os elementos menos importantes. Não se encontraram diferenças substanciais entre crianças holandesas e americanas, ainda que as últimas tenham valorizado o carácter inofensivo, o interesse e o realismo, facto que os autores interpretaram como um resultado da maior exposição das crianças americanas a debates sobre a qualidade da televisão para públicos infantis. Em relação às diferenças entre crianças por referência a sexo e idade, os meninos americanos e holandeses preferiram acção e violência, enquanto as meninas de ambas as nacionalidades valorizaram a compreensibilidade e o carácter inofensivo dos programas.

O estudo-piloto

Seguindo a metodologia proposta por Valkenburg e Janssen, efectuou-se um estudo piloto com o objectivo de perceber que elementos produzem um bom programa de animação na opinião das crianças portuguesas que participaram neste trabalho de investigação. As categorias não foram definidas *a priori* para evitar referenciar elementos nos quais as crianças não teriam pensado foi-lhes, então, pedido para falarem sobre o tema. O estudo piloto decorreu em Abril de 2001 e nele participaram 45 crianças entre os seis e os dez anos de idade (do 1.° ao 4.° ano do primeiro ciclo do ensino básico) a frequentar o Centro Social de Esgueira, na cidade de Aveiro. Para as entrevistas constituíram-se grupos dividindo meninos e meninas.

Inicialmente estavam planeadas duas estratégias distintas a aplicar a diferentes grupos com o objectivo de avaliar em que medida a utilização de estratégias distintas poderia influenciar as respostas das crianças. Primeiramente seria mostrada uma colectânea de oito pequenos excertos (com uma duração de três a oito minutos) de programas de animação gravados dos canais generalistas da televisão portuguesa (RTP, SIC e TVI). As gravações decorreram em Dezembro de 2000 e a sua selecção teve por base as técnicas de animação (a animação de celulóide e a animação de marionetas foram os dois estilos encontrados na televisão portuguesa na época) e organizados genericamente segundo os subgéneros propostos por Kline ([151]): as equipas de acção (onde a acção é mais importante do que a narrativa e os momentos dramáticos são definidos por confrontos); os companheiros imaginários (aqui a narrativa assume um carácter pró-social e a acção desenrola-se em torno de conflitos e desafios domésticos) e as heroínas (narrativas orientadas para um público feminino com heroínas nos principais papeís). Os excertos deveriam ser mostrados a cada um dos grupos para que, no final da exibição, as crianças pudessem expressar as suas opiniões.

A primeira peça foi retirada do programa *Rotten Ralph*, uma animação de marionetas que pode ser incluída na categoria dos amigos imaginários. A personagem principal é o Ralph, um gato falante que caminha erecto e vive no seio de uma família de humanos, os quais ator-

---

([151]) Kline, S., 1995. 'The empire of play, emergent genres of product-based animations' in Bazalgette, C., e Buckingham, D., *In front of the children: screen entertainment and young audiences*, pp. 151-165, Londres: British Film Institute.

menta com os seus truques e manhas. No excerto, o Ralph, apesar das advertências da menina da família, come demasiados doces antes do jantar, mente e acaba com uma grande dor de barriga. A segunda peça apresenta a animação de celulóide *O Mundo Secreto do Pai Natal*; aqui, o Pai Natal e os seus ajudantes envolvem-se nas mais diversas aventuras ajudando a solucionar problemas de terceiros; no episódio em questão, a acção desenrola-se em torno da lenda do Rei Artur. *As Navegantes da Lua* é uma animação de estilo japonês onde as personagens principais, raparigas adolescentes, protegem o planeta Terra das forças do mal; o excerto mostra uma luta na qual uma das heroínas salva um amigo numa atmosfera algo romântica. O *clip* seguinte, *Digimon*, também uma animação japonesa onde os heróis (crianças) e os seus monstros digitais tentam salvar o *Digimundo*, foi recolhido do final de um episódio mostrando uma luta entre monstros digitais e a preocupação das crianças com o destino de cada um dos seus monstros. O Dexter e a Didi são as personagens principais da série *O Laboratório do Dexter*, que conta as aventuras de um rapaz-génio que constrói um laboratório secreto no seu quarto e da sua barulhenta e inconsequente irmã; no excerto, a família encontra-se num café e o pai das crianças envolve-se numa discussão com outro cliente. Um extracto da série *A Pequena Sereia* (uma versão distinta da versão *Disney*) mostra um baile de máscaras onde um vilão tenta desmascarar a Pequena Sereia, arruinando o vestido de uma princesa maldosa no processo. Seguiram-se *As Novas Aventuras da Pantera Cor-de-Rosa*: a acção desenrola-se num circo onde o domador de leões persegue a Pantera disfarçada de palhaço. O último *clip* foi retirado da série *Bob Moraine* e mostra como os heróis escapam a um terramoto.

A segunda estratégia de investigação implicava colocar a cada grupo questões genéricas sobre os programas de animação em exibição na televisão portuguesa. Colocaram-se questões como 'Qual o teu programa favorito?', 'Que programas vês habitualmente?' e 'Que canais têm os melhores programas?'. Pretendia-se possibilitar às crianças um debate sobre o tema que não estivesse limitado aos desenhos animados seleccionados para exibição, eventualmente desconhecidos. De seguida colocar-se-ia uma das duas questões: 'Imagina que és assistente na produção de um programa para crianças e ajudas a criar um novo desenho animado. Como seria?' ou 'Imagina que te pediam para criar um desenho animado para outras crianças. Como seria?'. Estas questões seriam colocadas com o intuito de perceber as preferências relativamente a elementos como a narrativa, as características físicas e psicológicas das personagens, as cores utilizadas e, ao mesmo tempo, avaliar até que ponto as suas opiniões variavam ao falar de programação para outras crianças; perceber, por exemplo, se um menino de dez anos acredita que os seus desenhos animados preferidos são apropriados para um público feminino e porquê.

Não foi possível aplicar o plano de análise inicialmente traçado. A proposta de trabalho foi aceite pelo responsável do Centro, pelas educadoras e pelas crianças, mas a oportunidade para discutir a melhor forma de a aplicar não se proporcionou; surgiram problemas de coordenação entre as entrevistas e a disponibilidade de sala, já que havia apenas um salão equipado com vídeo e televisão também utilizado para o descanso das crianças. Inicialmente as educadoras consideraram que as crianças estariam mais confortáveis para o debate depois de verem os excertos; a segunda estratégia de análise foi deixada de lado. Os responsáveis pelas crianças sugeriram que todos os grupos (com excepção dos grupos do 4.º ano, só disponíveis da parte da tarde) deveriam assistir à exibição e ser entrevistados em simultâneo. Após a exibição do primeiro excerto e da tentativa de entrevistar dois grupos confirmou-se o óbvio, as crianças começaram a ficar irrequietas e aborrecidas pela espera e a gravação das primeiras entrevistas foi parcialmente invalidada devido ao ruído da sala. Decidiu-se, então, mostrar todos os excertos aos grupos e, posteriormente, entrevistar cada grupo separadamente. As entrevistas prosseguiram sem um guião estrito, tendo-se mantido o foco na questão das preferências, nas pressuposições sobre o público-alvo de cada programa e no desenho animado ideal para diferentes públicos. De um modo geral, as crianças reagiram positivamente à situação de entrevista, demonstrando entusiasmo nas respostas.

O estudo-piloto permitiu avaliar a reacção das crianças ao tema, à investigadora e ao contexto de pesquisa. As crianças, principalmente as mais novas, responderam ao tema com excitação, apesar de algumas do 4.º ano se revelarem algo reticentes e se esforçarem por manter algum distanciamento de um género televisivo que consideraram ser para os mais novos – enfatizando que não assistiam a desenhos animados mas sim a programas de desporto ou telenovelas, ou recusando-se mesmo a falar sobre o tema. Perante estas reacções, tornou-se essencial elaborar uma metodologia que minimizasse a exposição perante pares e perante os adultos e não colocasse em causa o estatuto social das crianças no contexto de investigação (em risco devido a possíveis revelações de conhecimento de um tema normalmente identificado com os consumos de crianças mais pequenas). Optou-se pela utilização de técnicas de investigação baseadas em tarefas que permitissem contributos de diferentes formas; ao pedir às crianças para criar e criticar um desenho animado, o foco deixa de estar nos hábitos destas como telespectadoras mas sim nas suas competências criativas.

Testou-se a reacção das crianças ao pedido para se imaginarem membros de uma equipa de produção de um desenho animado, tendo-se observado reacções positivas e entusiastas à oportunidade de expressar opiniões e fazer sugestões. A partir dos dados recolhidos, tornou-se evidente a possibilidade de aprofundar o tema, direccionando as tarefas para questões de identidade reflectidas nos discursos sobre género sexual, idade e especificidade cultural. Em relação ao contexto de investigação, urgia conduzir as entrevistas num ambiente controlado, sem distracções ou intervenções de outras crianças ou educadores. A primeira tentativa de exibir os extractos revelou a tendência dos educadores/professores para intervir, apelando à participação das crianças através de questões fora do âmbito da investigação – perguntas sobre a moralidade das histórias, por exemplo.

A investigação no terreno foi inspirada pelas abordagens centradas nos discursos como a de Buckingham ([152]), a metodologia de investigação foi desenhada para complementar os dados provenientes do estudo-piloto, tendo por referência o papel da identidade cultural no acto de comunicação que ocorre quando as crianças vêem televisão. O exercício, organizado em três tarefas, foi efectuado em Abril de 2003, na mesma comunidade onde decorreu o estudo-piloto com a participação de crianças

---

([152]) Buckingham, D., 1996a. *Moving Images, Understanding Children's Emotional Responses to Television*, Manchester: Manchester University Press.

a frequentar o Centro Social e a Escola do primeiro ciclo do ensino básico locais. Às crianças foram atribuídas, no final dos trabalhos, recompensas simbólicas como reconhecimento pela colaboração.

Os sujeitos que participaram nas primeiras duas tarefas frequentavam o 1.º e 4.º ano do primeiro ciclo do ensino básico com idades entre os seis e os sete anos e entre os oito e os nove. A receptividade das instituições, professores, educadores e crianças facilitou o trabalho de campo e justificou a escolha do terreno, dado o limitado tempo disponível. Na primeira tarefa utilizaram-se duas técnicas de investigação, o inquérito por questionário e a entrevista de grupo, que produzem resultados mais interessantes quando combinados. O trabalho foi feito com uma turma de 22 crianças do 1.º ano e uma turma do 4.º ano com 24 crianças.

Tarefa I – O questionário

De acordo com Wimmer e Dominick (*op. cit.*), o questionário é uma técnica apropriada para descrever condições e atitudes. Considerando as idades das crianças e os seus diferentes estados de desenvolvimento, elaboraram-se dois questionários distintos, seguindo a estratégia de Messenger-Davies ([153]), com conteúdos semelhantes mas formatos diferentes. Em reuniões prévias com a investigadora, os professores sugeriram a simplificação dos questionários para as crianças mais novas e a não inclusão de questões abertas, uma vez que,

---

([153]) Messenger-Davies, M., 1997. *Fake, Fact and Fantasy: Children's interpretations of television reality*, New Jersey: Lawrence Erlbaum Associates.

apesar de dominarem a leitura, as crianças ainda teriam algumas dificuldades na escrita. As questões de caracterização foram complementadas com um questionário entregue aos pais onde se incluía uma questão aberta pedindo a opinião sobre a programação infantil nos canais generalistas. Os questionários foram codificados para permitir a caracterização da unidade familiar.

Os questionários foram entregues pelos professores, alertando para o facto de não se pretender uma avaliação dos conhecimentos das crianças acerca da televisão mas sim conhecer as suas opiniões sobre a programação infantil. Não existindo, por tal, uma resposta 'correcta' e devendo ser dada liberdade de resposta às crianças. Os professores explicaram às crianças que apenas interessava a opinião de cada um e que não deveriam fazer comentários ou trocar impressões com os colegas.

Uma vez que a tarefa decorreu em contexto escolar, deverá ter-se em consideração os papéis que as crianças são chamadas a desempenhar, bem como o facto do seu desempenho ser avaliado. Em todo o caso, a observação do comportamento das crianças não indicou constrangimentos, os sujeitos pareceram divertidos, rindo e mostrando-se interessados na participação; as crianças mais velhas revelaram a sua curiosidade sobre a natureza da tarefa e sobre a sua finalidade. A única preocupação demonstrada, principalmente por parte das crianças entre os seis e os sete anos, prendeu-se com a vontade de escrever correctamente o nome dos programas.

Nos questionários para as crianças mais novas, cada página apresentava uma questão auxiliada por imagens. A Figura 1 mostra uma das questões pedindo respostas com base numa escala de cinco valores.

FIGURA 1

Vês desenhos animados na televisão?

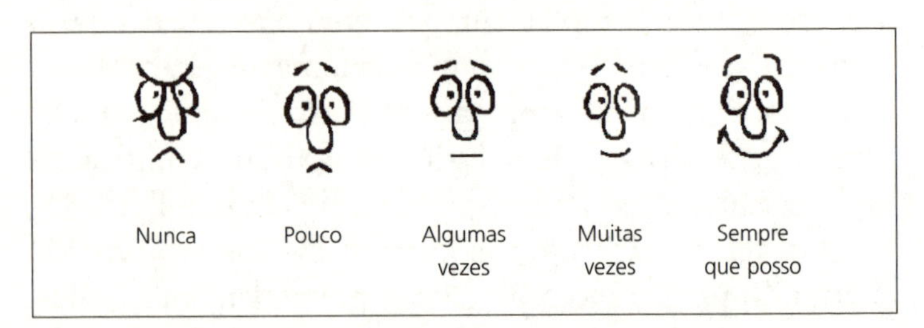

Perguntou-se quantos aparelhos de televisão as crianças teriam em casa (Figura 2) com o intuito de perceber se as crianças poderiam ter a possibilidade de escolha de programas diferentes daqueles vistos pelos pais, sem excluir, obviamente, o controlo parental da programação vista pelas crianças. Nos questionários às crianças mais velhas inclui-se uma outra questão: 'Na tua casa, onde se encontram as televisões? Sala, cozinha, no teu quarto, ou noutro compartimento?'.

Com o objectivo de analisar a apreciação das origens do programa, colocaram-se as seguintes questões: 'Conheces algum desenho animado feito em Portugal? Se

FIGURA 2

Quantas televisões tens em casa?

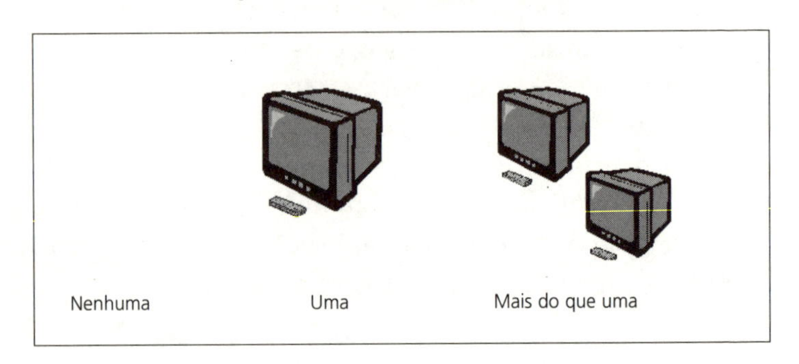

sim, qual?' e 'Conheces algum desenho animado feito no estrangeiro? Se sim, qual?'. A reacção das crianças do 1.º ano indicou que este assunto não teria sido considerado anteriormente, pareceram surpreendidas e tentaram obter da professora uma confirmação sobre a exactidão da resposta a dar.

Outras questões pediam para assinalar, justificando, o programa de televisão e o desenho animado favorito; avaliar a programação televisiva para crianças dos três canais (RTP, SIC e TVI); indicar programas de animação para meninos e meninas, de forma a compreender as representações relativas ao género e à identidade social de cada sujeito e o desenho animado de que menos gostavam. Nos questionários para as crianças mais velhas inclui-se uma última questão aberta: 'Que tipo de animação gostarias de ver mais vezes na televisão portuguesa?' A questão era intencionalmente vaga, pretendia-se analisar o conceito 'animação' em relação à expressão desenho animado e possibilitar comentários relativos às preferências por uma determinada técnica de animação (celulóide, plasticina, computador, etc.).

Tarefa II – Cria o teu desenho animado

Ao pedir às crianças para imaginar um desenho animado pretendia-se procurar, nas suas propostas, sinais de uma identidade portuguesa ao mesmo tempo que se esperava encontrar referências globais. Poderiam elementos como o local, os cenários e o aspecto físico estar relacionados com uma identidade cultural portuguesa? Paralelamente, pretendia-se analisar a forma como as crianças construiriam o seu *eu* social durante os debates sobre os programas de animação.

Belton ([154]), observou a influência da televisão e vídeos na imaginação das crianças; a autora analisou histórias escritas na escola por crianças entre os dez e os doze anos. Esta estratégia não se adequaria ao presente estudo, por envolver crianças em fase de aprendizagem inicial da escrita; considerou-se que a oralidade as libertaria da pressão de produzir um texto e proporcionaria à investigadora uma oportunidade de observar a interacção e negociação de ideias. Griffiths ([155]) pediu a um grupo de crianças para conceber, através de desenhos, um anúncio para brinquedos, na tentativa de compreender os seus conhecimentos em relação aos aspectos técnicos da produção para televisão e à construção de género nos anúncios televisivos. No presente estudo foi pedido aos sujeitos para produzirem alguns desenhos sobre o programa de animação que criariam, uma actividade que originou frustrações, já que nem todas as crianças se sentiram capazes de desenhar as suas histórias, ou elementos das mesmas. O desenho requeria tempo para permitir o aperfeiçoamento dos desenhos de forma tranquila, algo que não era possível devido aos condicionamentos da pesquisa. Em alternativa, a investigadora apresentou cartões com imagens de personagens de banda desenhada e de programas de animação não exibidos em Portugal, representando uma variedade de estilos e personagens para perceber a influência dos estilos de animação que as crianças viam mais frequentemente, no caso a animação japonesa, nas suas escolhas. Tal não sucedeu; foram escolhidos diferentes estilos para uma mesma história, o que

---

([154]) Belton, T., 2001. 'Television and Imagination: an investigation of the medium's influence on children's story making', in *Media, Culture & Society*, Vol. 23, pp. 799-820.

([155]) Griffiths, M., 2001. *Children's Toy Advertisements*, PhD Thesis, University of Wales at Aberystwyth.

poderá indicar que os gostos são determinados não tanto pelo estilo de animação mas pelo conteúdo da narrativa, reforçando a ideia, referida em capítulos anteriores, da importância da história na apreciação das crianças.

As turmas foram divididas em grupos de quatro ou cinco crianças (um grupo de meninas, outro de meninos e três grupos mistos) aos quais foram atribuídas tarefas com ligeiras diferenças. À pergunta base – 'Imagina que trabalhas para uma televisão e que o director te pede e à tua equipa para criar um desenho animado' – acrescentava-se uma segunda parte de acordo com as características do grupo. Aos grupos constituídos por crianças do mesmo sexo foi pedido que criassem um desenho animado para crianças do sexo oposto de modo a estudar as suas construções sociais do *outro* e, por oposição, a sua própria identidade social. Os grupos mistos imaginaram histórias para meninos e meninas da mesma idade; uma história em português para crianças estrangeiras; ou uma história passada em Portugal.

As entrevistas foram conduzidas de forma semi-directiva; foi pedido às crianças que decidissem sobre o enredo da história e produzissem um sumário, indicassem quem seria a personagem (ou personagens) principal e a descrevessem (escolhendo um nome, a idade, o local de residência e as pessoas com quem viveriam), a função da personagem principal, as personagens secundárias (amigos, vilões, etc.), a língua falada pelas personagens, o final da história, os efeitos sonoros (características das vozes, banda sonora, etc.), o número de episódios da série e o que aconteceria ao longo dos mesmos, bem como a que hora seria exibida na televisão.

Através desta tarefa esperava-se encontrar referências a símbolos nacionais, à cultura portuguesa, à história do país e a especificidades locais tais como pronúncias, lugares, tradições, ou a qualquer outro aspecto da cultura portuguesa contemporânea, procurando perceber a preponderância de simbologias locais ou, pelo contrário, referências globais. Ao mesmo tempo pretendeu-se sistematizar as preferências das crianças em termos de estilo, estrutura da história e principais acontecimentos.

Tarefa III – Crítica a programas de animação

Por limitações de tempo e estrutura da investigação, esta tarefa decorreu em Junho do mesmo ano e foi condicionada pela disponibilidade de educadores e crianças, sendo a amostra constituída por crianças entre os sete e os nove anos de idade presentes na instituição (muitas já se encontravam de férias) e dispostas a colaborar. Com a excepção de um grupo constituído apenas por meninas, todos os grupos eram mistos. Foram exibidos, para cada grupo, dois episódios de séries de animação 'não comercial' (no sentido em que foram produzidas por pequenos estúdios de animação num circuito alternativo ao das grandes produtoras): um episódio da série portuguesa *A Maravilhosa Expedição às Ilhas Encantadas* e o episódio norueguês, 'O conto das três irmãs que caíram na montanha', integrante da co-produção internacional ATW. Foi pedido aos grupos que comentassem as histórias, que elaborassem sobre o país onde teriam sido produzidas e onde a história se desenrolava, o público-alvo, a modalidade da história e as preferências segundo sexo e idade. Nos próximos capítulos apresentam-se os resultados da investigação com os públicos infantis e da análise dos discursos relacionados com os programas de animação.

Capítulo VI

A Produção de Animação para Crianças

A concepção de animação para crianças pode dividir-se genericamente em dois momentos, a produção e a criação. Quanto maior a empresa mais provável será a distinção entre estes momentos, devido à maior divisão do trabalho. Nos projectos mais pequenos, com orçamentos reduzidos, os papéis da realização e produção podem ser desempenhados pela mesma pessoa, que será a força criativa e, simultaneamente, a gestora dos recursos humanos e materiais. Antes de proceder à análise dos programas de animação seleccionados, caracterizar-se-ão brevemente os processos de produção e realização tendo por referência literatura relacionada com os profissionais e a indústria de animação.

A criação do desenho animado

Dowlatabadi e Winder (156) referem que os livros de banda desenhada, as novelas gráficas, os contos clássicos, os brinquedos e os livros para crianças são fontes de inspiração e de ideias para a criação de um programa de animação, uma vez que os conceitos e personagens originais parecem ser menos vendáveis no mercado. Os autores sugerem que a gradual aceitação de ideias originais decorre do advento do canal Nickelodeon (de onde surgiram séries como *The Rugrats – Os meninos de coro* e *The Wild Thornberries*), revolucionário da imagem e dos conteúdos da animação para crianças, encontrando inspiração em situações e experiências da vida real para apelar aos públicos.

Numa palestra durante a 4.ª Cúpula Mundial de Media para Crianças e Adolescentes (157), o representante da produtora *Klasky Csupo* (criadora de *The Wild Thornberries*) sugeriu que a rivalidade entre irmãos e o salvar a família de diferentes situações serão centrais para despertar o interesse dos públicos. Os programas da produtora apresentam subversões da relação criança / / adulto, colocando as personagens de crianças em situações difíceis e até perigosas, as quais conseguem resolver frequentemente sem o auxílio de adultos. A série *The Wild Thornberries* lida com problemas ambientais causados por adultos e o seu carácter subversivo encontra-se também no facto de ter uma menina no principal papel, algo pouco usual devido à crença generalizada na relutância dos rapazes em aceitar programas protagoni-

---

(156) Dowlatabadi, Z., e Winder, C., 2001. *Producing Animation*, Boston: Focal Press.

(157) Rio de Janeiro, Abril de 2004.

zados pelo sexo feminino. Seiter e Mayer ([158]) sugerem que, em comparação com outros canais americanos, o Nickelodeon tem uma atitude mais aberta em relação às representações de género sexual, raça e etnia; o canal aborda questões de representação através de técnicas de pesquisa de audiências com crianças de diferentes grupos minoritários para falar sobre o seu quotidiano. O Cartoon Network é outro canal que investiu em originais, com programas como *O Laboratório do Dexter* e *The Power Puff Girls*, ainda que seja um canal com conteúdos orientados para a família e interessado em cativar públicos adultos.

Dowlatabadi e Winder (*op. cit.*) referem o risco de investir em programas para crianças que ofereçam poucas garantias de lucro, daí o investimento em fórmulas de sucesso comprovado. Tal é o caso nas inúmeras adaptações do enredo típico da animação americana, onde o 'super-herói persegue um extraterrestre/monstro', ou da animação japonesa baseada na competição e jogos tecnológicos. A relutância em investir em projectos inovadores parece resultar de uma intuição em relação aos interesses dos públicos e não de um conhecimento aprofundado sobre audiências. Trabalhos como os de Dowlatabadi e Winder ou Culhane ([159]) exploram o processo de produção mas não fazem uma abordagem detalhada aos consumos. Na obra dos primeiros, procede-se a uma pequena referência à necessidade de definir o público-alvo antes de iniciar o processo de produção, mas, ape-

---

([158]) Seiter, E., e Mayer, V., 2004. 'Diversifying Representation in Children's TV: Nickelodeon's Model', in Hendershot, H., *Nickelodeon Nation*, pp. 120-133, New York & London: New York University Press.

([159]) Culhane, S., 1990. *Animation from Script to Screen*, New York: St. Martin's Press.

sar de aconselharem potenciais produtores a fazer uma pesquisa de mercado antes de se iniciar um projecto, a sua principal preocupação é para com os compradores e não os públicos. Culhane sugere que as ideias para histórias não dependem tanto da consideração das audiências mas mais das inclinações artísticas do autor.

Em traços gerais, a animação em celulóide resulta de um esforço conjunto do director, do argumentista, do autor do *storyboard* ([160]), do desenhador das personagens e do animador que desenha os principais movimentos das personagens a desenvolver pelo assistente de animação, dando instruções sobre o movimento ao operador de câmara. O processo é guiado pelo instinto criativo e pela capacidade de o traduzir em animação, mas as limitações ao produto final provêm, particularmente no caso da animação comercial, da influência de agências de publicidade e dos canais que tendem a determinar o estilo e conteúdos. Culhane (*op. cit.*) afirma que as equipas de produção estão sujeitas a mais constrangimentos e restrições do que aqueles impostos pela Inquisição.

Como difere, então, a animação comercial de todos os programas que se afirmam pela maior preocupação com as crianças? Na próxima secção apresentam-se os resultados da análise de dois programas orientados para o mercado – *Pokemon* e *As Navegantes da Lua* – e de dois programas preocupados com a relevância cultural – a co-produção internacional *The Animated Tales of the World* e a produção portuguesa direccionada para o mercado interno *A Maravilhosa Expedição às Ilhas Encantadas*.

([160]) O *storyboard* é um painel onde se compõem esboços da história para descrever de forma tão fiel como possível das cenas, bem como pequenos apontamentos sobre o ângulo da filmagem.

Pokemon e *As Navegantes da Lua* – animação comercial tornada relevante?

> Isto da 'Aldeia Global'... Globalização... Multiculturalismo... A necessidade de vender as produções no maior número possível de territórios [...] está a esbater as diferenças e, na prática, a levar à estandardização... Nenhum sistema de produção eficiente sobrevive sem esta! ([161])

Pokemon

A história de *Pokemon* surgiu no Japão na forma de um jogo de vídeo produzido pela *Nintendo* sendo rapidamente adaptada a uma variedade de produtos, desde os cartões coleccionáveis à série de animação para televisão. O criador de *Pokemon*, Satoshi Tajiri, *designer* de jogos, pretendia desenvolver um jogo que ligasse as crianças japonesas oriundas das zonas urbanas à natureza; inspirado pela sua paixão por insectos, criou um jogo baseado na aprendizagem e identificação de criaturas semelhantes a estes. A série televisiva conta as aventuras de Ash, um adolescente que, com um grupo de amigos, persegue a sua ambição de se tornar o melhor treinador de *Pokemons* (monstros de bolso), criaturas que colecciona ao longo da sua viagem e que treina com dedicação e afecto para participarem em campeonatos.

Ash é oriundo de uma pequena vila, Pallet Town, mas encontra-se em viagem com os seus companheiros Brock (um rapaz mais velho e também treinador de

---

([161]) Tradução de um excerto da entrevista a um criativo da *Brown Bag Productions* na República da Irlanda, em Janeiro de 2004.

Pokemons, mas numa outra cidade) e Misty (a principal treinadora de um ginásio) e tem como referência o professor Oak, um perito. Os seus inimigos são Gary (neto do professor e rival de Ash na luta pelo título de melhor treinador) e a Team Rocket (uma sociedade malévola que aspira ao controlo de todos os *Pokemons* para dominar o Mundo), formada por Jesse, James e o seu *Pokemon* Meowth.

As batalhas travadas entre as criaturas não são mortais nem sangrentas e as lesões deixadas por uma luta, semelhantes a lesões desportivas, são tratadas cuidadosamente pelo treinador e por equipas médicas especializadas. As criaturas não são concebidas como monstros assustadores mas sim como figuras coloridas com formas suaves, arredondadas a quem os treinadores estão ligados emocionalmente.

O estudo-piloto revelou ser esta a série predilecta das crianças. Apesar de terem sido mencionados outros programas de animação, a série *Pokemon* foi a referência mais comum, com excepção de um grupo de meninas do 1.º ano e dos rapazes do 4.º ano. ([162])

> Entrevistadora: Quais são os vossos desenhos animados favoritos?
> Grupo: 'Pokemones'
> Entrevistadora: Porquê? Por causa das lutas?
> Menino 1: Não...
> [várias crianças falam ao mesmo tempo]
> Entrevistadora: Porque é assim tão bom o *Pokemon*?
> Menino 2: Porque lutam.
> Entrevistadora: Por causa das lutas? Há muitas personagens, não há?
> Menino 2: Sim.

([162]) Entrevista a um grupo de meninos entre os sete e os oito anos.

Menino 3: E demora mais tempo.
Entrevistadora: Demora mais tempo, pois, aqui só vimos um bocadinho, não foi o desenho animado todo.
Menino 1: Tem mais desenhos.

O programa era transmitido, na época da investigação, pelo canal de televisão SIC. Falado em português, gozou de um grande sucesso nos primeiros anos de emissão. Buckingham e Sefton-Green (*op. cit.*) sugerem que a série é um fenómeno concebido para maximizar o apelo a vastas secções do público. Segundo os autores, as personagens podem ser enquadradas nas preferências relativas a brinquedos e jogos de crianças de diferentes idades, desde os bonecos de peluche para menores de cinco anos, até aos jogos de computador para as crianças entre os sete e os doze anos.

No episódio analisado, Ash regressa à vila onde a sua viagem começou, acompanhado por Misty e Tracy (um adolescente desenhador de *Pokemons*). Aqui reencontra a sua mãe; Brock, que terá decidido trabalhar num centro de recuperação das criaturas, onde se apaixonou por uma enfermeira; e o professor Oak, no centro de investigação. O momento central do episódio é a tentativa de roubar todas as '*pocketballs*' (pequenos contentores para armazenamento das criaturas) encetada pela Team Rocket, que alcança temporariamente uma derrota sobre Ash. A chegada de uma personagem misteriosa, que mais tarde os espectadores descobrem ser Gary, altera o rumo dos acontecimentos e leva à derrota dos vilões. O sucesso de Gary origina um confronto com Ash, que sente a necessidade de provar a sua superioridade. O episódio termina com o narrador, em voz *off*, a questionar as capacidades de Ash enquanto treinador.

Possivelmente devido ao formato do programa, uma série com uma narrativa continua não encerrada em cada episódio, não se identificam todas as funções propostas por Propp; o herói não derrota o inimigo e acaba por ser salvo pelo seu rival. A história é um conto moral, lembrado aos telespectadores que nada deve ser tido como garantido, pois até os melhores podem ser derrotados. Ainda assim, o estatuto de superioridade de Ash é mantido pela impotência de Misty e Brock que, apesar de também serem treinadores, não fazem qualquer tentativa para derrotar os vilões. O aparecimento de Gary contribui para o *suspense* da série deixando em aberto a possibilidade de Ash não alcançar o seu objectivo e lembrando que, se não trabalhar arduamente, poderá ser derrotado pelos seus rivais.

> Ash: Ganhei o título de líder da Liga Laranja e tenho o troféu para o provar.
> Gary: Parabéns, mas o troféu não te ajudou contra a Team Rocket.
> Ash: Bem, fiz mais do que tu na última Liga de *Pokemons*, lembras-te?
> Gary: Isso foi há muito tempo Ash, agora sou um treinador mais forte do que era na altura.
> Ash: Gostava de ver essa força toda numa batalha de *Pokemons* comigo. Que me dizes?
> Misty: Uma batalha?
> Gary: Não vais ganhar!
> Ash: Isso é o que vamos ver!
> Brock: Misty, eu não sei...
> Narrador: No seu regresso a casa Ash está à beira de uma batalha com o seu inimigo Gary e parece que o Gary está mais forte do que nunca. Será que Ash terá a vantagem de jogar em casa? Ou está prestes a tornar-se um vencido? ([163])

([163]) Diálogos finais do episódio e voz *off* do narrador.

O objectivo primário do herói é o sucesso da sua demanda. Para tal, terá que enfrentar uma sucessão de tarefas conduzindo as suas criaturas à vitória sobre os *Pokemons* dos seus rivais e ultrapassando as más acções dos vilões. As acções básicas presentes no episódio estão esquematizadas no Quadro IV.

A diversidade de personagens tem potencial para atrair diversas secções do público com interesses e identidades sociais distintas. Encontram-se personagens

QUADRO IV

Acções básicas das personagens

Ash	Entregar o objecto mágico a Oak (a bola GS) Defender os *Pokemons* e *'pocketballs'* de Oak da Team Rocket Competir com Gary
Gary	Salvar o grupo da Team Rocket
Team Rocket	Ameaçar a segurança dos *Pokemons* Atacar e aprisionar Ash e os seus amigos
Misty	Colaborar e ajudar Ash na sua demanda Dizer a verdade através de comentários sobre o comportamento dos outros
Tracy	Enviar Ash para o centro de investigação de Oak Mostrar os seus desenhos a Oak
Brock	Tratar dos outros Amar
Sra. Ketchum (mãe de Ash)	Contar a história de Brock Alimentar o grupo Humilhar Ash (fingindo não se importar com os seus troféus promovendo, assim, o crescimento pessoal do filho)
Prof. Oak	Avaliar o trabalho de Ash e Tracy Ensinar sobre *Pokemons*

femininas e masculinas com diferentes personalidades e funções, genericamente divididas em função emocional, educacional, de perturbação ou desestabilização e função de liderança.

Um ponto interessante é a presença de personagens femininas fortes, algo pouco comum nos desenhos animados. No entanto, o comportamento feminino é ridicularizado através da personalidade de uma personagem masculina, Brock. Este jovem tem uma aparência física distinta das outras personagens, tez mais escura e um formato de olhos que evoca as feições asiáticas. No episódio, Brock vive com a mãe de Ash, ajudando-a nas tarefas domésticas e recebe os amigos usando um avental; emocionalmente é uma personagem vulnerável e sensível que sofre por desgostos de amor. Estas características são usadas para produzir situações humorísticas através da ridicularização do comportamento da personagem.

De acordo com os resultados do estudo-piloto, a série combina elementos que, isoladamente, parecem não interessar às crianças – os rapazes referiram não gostar de personagens femininas e romance, as raparigas afirmaram não gostar de lutas – mas fá-lo de forma não comprometedora da identidade de sexo das crianças. As várias personagens e enredos secundários permitem estabelecer relações diversificadas com os públicos; esta ambiguidade, como já foi referido, é típica da programação para a infância cujo objectivo, em termos de audiências, é cativar ambos os sexos dentro de um escalão etário alargado. A diversidade proporciona variadas respostas internas aos acontecimentos, pensamentos e emoções resultantes, por exemplo: do reencontro com amigos e familiares e do convívio com ídolos (a chegada a casa da mãe de Ash; conhecer o professor Oak;

encontrar Brock); de experiências amorosas traumatizantes (os espasmos de Brock ao proferir do nome da amada que o rejeitou); da rivalidade e competição (o confronto entre Ash e Gary); da insegurança relativa ao trabalho produzido (Tracy e a apresentação dos seus desenhos a Oak). Saliente-se, também, a aparente indiferença da mãe de Ash em relação ao seu regresso e feitos, apesar de, secretamente, se sentir orgulhosa; esta atitude reforça o enquadramento da série na tradição narrativa da *anime*: um jovem herói que parte à conquista dos seus sonhos sem depender do apoio dos pais e família.

Aparentemente, *Pokemon* não reflecte qualquer cuidado com a representação de um contexto cultural específico, a história desenrola-se em locais imaginários entre paisagens rurais e urbanas onde a natureza e os edifícios não apresentam referências óbvias a localizações geográficas específicas. No entanto, o facto de as personagens 'humanas' serem maioritariamente caucasianas e das paisagens serem ocidentalizadas com habitantes predominantemente brancos pode ser interpretado como uma representação desequilibrada da diversidade étnica e cultural.

Considerando o contexto onde o programa foi originalmente criado e o valor mitológico intrínseco, verifica-se que *Pokemon* é semelhante a outras animações japonesas. A falta de fluidez das imagens, devido à economia de movimentos intermédios, deixando os movimentos finais fixos em várias poses, é uma característica de estilo fundamental; os filmes *anime* caracterizam-se por uma série de 'espasmos' mais ou menos perceptíveis (Raffaelli, *op. cit.*). Isso não significa uma perda de emoção ou uma maior dificuldade em entender os sentimentos das personagens, já que a *anime* utiliza recursos visuais e sonoros como, por exemplo, uma gota de suor no rosto e a boca aberta para indicar que a personagem enfrenta uma situação terrível; o uso da narração ou dos pensamentos das personagens para descrever emoções e música dramática para cativar a atenção do espectador e unificar a narrativa.

Outro aspecto característico importante, e presente nas personagens de *Pokemon*, é a noção de *cuteness* ([164]) surgida na banda desenhada japonesa (*manga*) nas publicações do período pós-guerra. Segundo Shiokawa ([165]), a apreciação estética de tudo o que se considera *cute* consiste na simplificação estilística e nos contornos arredondados abundantes no Japão, não só no desenho de personagens mas, também, na roupa, acessórios, material de papelaria, mobiliário, carros, etc..

Tematicamente a série segue a tradição das histórias da animação japonesas nas quais os heróis não são seres sobrenaturais mas crianças ou jovens com dotes especiais que procuram alcançar os seus objectivos sem a presença da família (que é habitualmente representada pela figura da mãe, tendo a relação mãe / criança uma importância fulcral na sociedade japonesa). A moral das histórias é baseada no reforço da auto-estima e autoconfiança da criança; ao acreditarem em si próprias as personagens cumprem os seus sonhos e ganham o respeito da sociedade (Raffaelli, *op. cit.*). Outro elemento típico deste tipo de narrativas, e identificável em *Pokemon*, é a relação entre mestre e discípulo, traduzida na relação entre o professor Oak e Ash, cujo objectivo se identifica

---

([164]) Expressão anglo-saxónica que pode ser aproximada aos adjectivos 'engraçado', 'gracioso', 'fofo'.

([165]) Shiokawa, K., 1999. 'Cute but deadly: Women & violence in Japanese comics', in Lent, J. A. (ed.), *Themes and Issues in Asian Cartooning: Cute, Cheap, Mad & Sexy*, pp. 93-126, Bowling Green: Bowling Green Popular Press.

com a tradição das artes marciais – ao conseguir ser o melhor treinador, Ash tornar-se-á também ele um mestre (Tobin, *op. cit.*).

Duas canções de abertura do programa são exemplos interessantes das opções temáticas referidas: ambas falam de alcançar os objectivos pessoais, embora as letras contenham algumas *nuances*. A primeira versão é cantada na primeira pessoa e a mensagem subjacente é que a força e o conhecimento derivam da amizade ('*Pokemon*, vou apanhá-los todos, vou fazê-lo para te seguir [...] vou apanhá-los isso eu sei e contigo aprenderei'); a segunda versão, posterior, dirige-se ao telespectador, na segunda pessoa ('Todos queremos ser rápidos, chegar primeiro. Tu tens que tentar, cada vez estás um pouco mais forte'), e é cantada por um adulto cujo discurso incentiva o público, milhões de pequenos treinadores de *Pokemons*, à acção dizendo-lhes para serem fortes e manterem a vontade de ir sempre mais além. Enquanto a primeira versão fala de conseguir um Mundo melhor, a segunda enfatiza a competitividade, embora termine dizendo 'no fim todos vão ganhar'.

Se as principais mensagens referem o esforço pessoal, a crença nas capacidades pessoais e, acima de tudo, a amizade, então séries como *Pokemon* terão um valor mitológico semelhante a contos de fadas tradicionais como *O Capuchinho Vermelho* e *Hansel e Grettel*. Estas histórias têm em comum a construção activa da infância, retratando crianças em busca de uma vida melhor e lutando contra o mal, retratando-as como seres humanos capazes de tomar decisões sobre o melhor para si mesmas.

As Navegantes da Lua

A narrativa desta série é mais complexa quando comparada com *Pokemon*, aqui as heroínas têm poderes mágicos que as permitem transformar-se em raparigas mais fortes combatentes das forças do mal. A personagem principal é uma adolescente de 14 anos, a guerreira Sailormoon, protectora da Terra e do Universo. Milhares de anos atrás esta heroína teria sido a princesa da Lua e o seu amado o príncipe da Terra; quando forças malévolas destroem o seu reino, a mãe da princesa envia-a para o futuro, onde encontra amigos e companheiros de luta, membros da corte no passado e o próprio príncipe, o herói Mascarado.

A narrativa e o estilo do programa reflectem aspectos da cultura japonesa, incluindo a apreciação das características estéticas associadas ao conceito *cute*. Estilisticamente, a série herdou particularidades da banda desenhada para raparigas (*shōjo manga*) dos anos 70, da qual a *anime* adoptou alguns elementos tais como as características físicas ocidentais idealizadas no pós-guerra (olhos redondos, cabelo louro, castanho e ruivo, pernas longas e corpos altos e magros); o uso de olhos cintilantes, particularmente nas heroínas; as flores em pano de fundo para significar romance e a utilização de heroínas em histórias para rapazes. Tematicamente, *Sailormoon*, como sugere Grisby ([166]), pode ser relacionada com as tradições culturais ancestrais japonesas, combinando símbolos associados à natureza e à moderni-

---

([166]) Grisby, M., 1999. 'The social production of gender as reflected in two Japanese cultural industry products', in Lent, J. A. (ed.), *Themes and Issues in Asian Cartooning: Cute, Cheap, Mad & Sexy*, pp. 183-210, Bowling Green: Bowling Green Popular Press.

dade; a heroína luta para proteger a humanidade mas também é uma menina mimada que se apaixona frequentemente e adora maquilhagem e jóias.

Napier ([167]) relaciona a natureza apocalíptica da *anime*, que retrata forças do mal ameaçando destruir a sociedade e o planeta, à especificidade cultural japonesa, referindo a história do país e as consequências da bomba atómica bem como uma série de fenómenos sociais favorecedores de um sentimento generalizado de desencanto. A autora salienta a alienação de uma sociedade industrializada, os conflitos geracionais, o progressivo esbatimento da dominação masculina e o papel da mulher fora da esfera familiar e o desencanto com os valores dos pós-guerra gerado por problemas económicos causados pelo colapso da bolsa de mercados no final da década de 80.

No episódio analisado, uma organização apelidada 'O Reino das Trevas' tenta roubar a energia dos humanos para fins desconhecidos e o seu primeiro alvo é a jogadora de ténis Raquel. Nefrite é chamado pela Rainha das Trevas para desempenhar a tarefa, infiltra-se no campo de ténis fingindo ser um treinador e coloca um espírito malévolo na bola de ténis da jogadora para absorver toda a sua energia. Bunny (o nome humano de *Sailormoon*) e as suas amigas devem lutar e derrotar as forças do mal. Quando a energia de Raquel atinge o pico, um demónio é libertado e Bunny decide enfrentá-lo sozinha, mas percebe que este é demasiado forte para si. Eventualmente o Mascarado intervém e juntos derrotam o demónio.

([167]) Napier, S. J., 2000. *Anime, from Akira to Princess Mononoke*, New York: Palgrave.

Tal como sucede em *Pokemon*, é difícil aplicar as funções de Propp à narrativa do episódio. A situação inicial (α) é introduzida pelos créditos de abertura e repetida em cada episódio, lembrando ao telespectador o tema principal da série:

> Olá, eu sou a Bunny Usagi! Transformo-me para lutar contra as pessoas más. Sou a Sailormoon, lutando pelo amor e justiça. Estas são as minhas amigas: Amy, é um génio e amigável e a Rita (risos) com um mau feitio. Serão melhores do que eu? (risos)

Outras funções presentes são a vilania (A), luta (H) e vitória (I). A organização sintagmática do episódio pode representar-se esquematicamente:

QUADRO V

Organização sintagmática do episódio (a)

Vilania → Heroína persegue vilão → Luta → Ajuda → Vitória do Bem

O objectivo da heroína é conseguir salvar o mundo da vilania, lutando pelo amor e pela justiça, enquanto o objectivo do vilão é criar uma ausência – tal como nas categorias de Propp – removendo a energia dos humanos e para tal deve vencer Bunny e o Mascarado. As acções básicas de Bunny incluem salvar o Mundo e amar o Mascarado, cuja missão é a de ajudante, salvando e protegendo a heroína.

Os objectivos e as respostas emocionais da heroína são complexos, a sua personalidade é marcada pela imaturidade patente no seu comportamento e nos comentários e críticas das amigas às suas acções. Desde o genérico de abertura, o telespectador é familiarizado com a insegurança de Bunny relativamente ao seu desempenho comparativamente ao das suas amigas. No episódio, a heroína questiona-se frequentemente sobre as suas capacidades. O excesso de confiança é desencorajado, enfatizando-se a necessidade de trabalhar arduamente para alcançar objectivos pessoais. Apesar de Bunny não ser um ser humano vulgar, também não é o protótipo do super-herói, ela está ciente das suas limitações e da necessidade da ajuda dos amigos para vencer. Por outro lado, a heroína é afectada por sentimentos humanos e mundanos, como o ciúme e o sofrimento por amor. Tal como em *Pokemon*, insiste-se na ideia de que ninguém é perfeito e que a perfeição só poderá ser atingida através de um grande esforço e cooperação.

A série tenta apelar aos públicos femininos e masculinos, oferecendo uma combinação de elementos como as lutas e o romance. O programa tem uma variedade de personagens mas, contrariamente ao primeiro desenho animado analisado, a maior parte das personagens são jovens mulheres, facto que poderá estar na origem da relutância dos meninos que participaram no estudo piloto em mostrar interesse pela série. Apesar de os seus comentários indicarem uma familiaridade com a série, os meninos minimizaram o valor do programa dizendo ser 'para meninas'. Quando questionado sobre ser um desenho animado apropriado para meninas, uma vez que tem tantas situações de luta, um menino do segundo ano explicou:

> Menino: É aborrecido, eu não gosto, é para meninas. Eu gosto de lutas!
>
> Entrevistadora: Mas elas também lutam.
>
> Menino: Mas a maneira como lutam... Já estavam mortas! Lutar assim... Eu tocava-lhes como os dedos e elas já estavam no chão!

Curiosamente, as cenas de luta são mais violentas do que em *Pokemon*; na escolha de cores predominam os tons escuros e, uma vez que a vida das personagens é frequentemente ameaçada, é um programa potencialmente mais assustador. No entanto, as heroínas são muito femininas. A Bunny, por exemplo, é uma adolescente alta de voz estridente; usa o seu longo cabelo louro apanhado em dois rabos-de-cavalo; veste um uniforme constituído por uma mini-saia azul com pregas e uma blusa branca e azul com gola em estilo marinheiro e laçarotes vermelhos, que muda ocasionalmente (algo pouco usual nos desenhos animados); as suas roupas de heroína são semelhantes ao uniforme escolar, mas foram-lhe acrescentados pormenores como umas botas de cano alto cor-de-rosa e joalharia. O demónio é uma figura que enverga um fato preto justo e usa uns longos brincos, pulseiras douradas e um colar vermelho. Até as personagens masculinas são um pouco femininas; Nefrite é uma personagem andrógina cujo rosto se assemelha ao da Rainha das Trevas, tem cabelo comprido e ondulado, usa um uniforme azul e algumas jóias mudando para um fato bege quando se desloca ao *court* de ténis. Estas características das personagens contribuem para a feminilidade do programa, que poderá estar na origem da necessidade de distanciamento expressa pelos meninos.

A 'criança em demanda' como subgénero (a importância da narrativa ou uma construção do mercado?)

Em capítulos anteriores referiu-se a categorização dos desenhos animados para crianças de Kline, que propôs como subgéneros deste tipo de animação os *com-*

panheiro imaginários, as *equipas de acção* e as *heroínas*, um classificação baseada nas estratégias de mercado por detrás da produção da animação para crianças. Considerando os programas analisados no presente estudo, propõe-se um novo subgénero *a criança em demanda*, cuja fórmula narrativa – a criança que procura atingir um fim definido – parece cativar os públicos masculinos e femininos de diferentes idades. Os subgéneros de Kline referem-se a séries nas quais cada episódio conta uma história (os heróis são confrontados com um inimigo ou problema que precisam ultrapassar até ao final do episódio) permitindo uma produção infinita de novas aventuras. O subgénero *a criança em demanda* baseia-se na continuidade, pois tem um princípio identificável e, mais importante, um objectivo final. Cada episódio conta um pouco da luta dos heróis para atingirem os seus sonhos.

A *anime* recuperou clássicos da literatura ocidental para crianças e criou séries nas quais as crianças, frequentemente órfãs à procura de um parente perdido ou de uma família, são o centro da história. Baseando-se em clássicos como *Tom Sawyer* ([168]) ou *Ana dos Cabelos Ruivos* ([169]), a animação japonesa encontrou um lugar nos mercados ocidentais. A popularidade de *Pokemon* é parcialmente devida a estratégias de *marketing* bem planeadas e ao facto da sua estrutura narrativa se adaptar à televisão e a outros meios electrónicos, cativando as crianças e as indústrias de entretenimento. Como sugere Seiter (2001), o poder de atracção global da série representa o sonho das novas indústrias de *media* e dos

---

([168]) *The Adventures of Tom Sawyer*, obra de 1876 do autor norte americano Mark Twain.

([169]) *Anne of Green Gables,* obra de 1908, da autora canadiana Lucy Maud Montgomery.

grupos que controlam a indústria do entretenimento. Estas histórias de sucesso levantam uma questão: Serão os gostos das crianças um produto de estratégias de *marketing*?

Uma breve observação dos programas de animação em exibição na televisão portuguesa à data da investigação revela uma diversidade de opções. Os programas variam entre as produções da BBC para públicos pré-escolares (*Yahoo-Ahoy!*, *Noddy*, *Tweenies*), os programas *Disney* (*Timon e Pumba*, *Doug*, *Pepper Ann*, as séries de acção (*Transformers*, *Johnny Bravo*) e as séries japonesas (*Pokemon*, *Digimon*). Seria razoável esperar que as produções da *Disney* ou séries como *Transformers*, de onde resulta uma diversidade de figuras de acção, brinquedos e jogos, tivessem as mesmas hipóteses de emergirem entre os favoritos, mas muitos destes programas nunca chegaram a ser referidos pelas crianças. Os grupos apontaram sistematicamente os mesmos programas como favoritos, alguns dos quais não tendo sido sequer mostrados no âmbito da investigação. Foram feitas escolhas conscientes e a estrutura da narrativa parece ter tido uma grande importância nessas decisões.

O argumento pode ser ilustrado comparando as séries *Pokemon* e *Digimon*. Ambas partem da mesma ideia – crianças cujos destinos dependem do desempenho e da evolução de criaturas que controlam. O desempenho das criaturas, por seu turno, depende do seu empenho, responsabilidade e capacidade de decisão. O formato permite investimentos semelhantes na indústria dos jogos e brinquedos, assim como o acompanhamento da história através da Internet (ambas as séries têm sítios na Internet com informação exaustiva sobre as personagens e a história). *Pokemon* teria a vantagem de ser anterior, mas *Digimon* tem uma maior variedade de personagens o que poderia cativar um público mais diversificado (apesar dos papéis atribuídos às personagens serem relativamente estereotipados, as raparigas são sensíveis, atenciosas, com um visual requintado; os rapazes são fortes, inteligentes, aventureiros, líderes). Em *Digimon* as personagens têm roupas, acessórios e penteados sofisticados, 'na moda', ao contrário do que acontece na maior parte das séries onde os códigos de vestuário tendem a ser neutros ou a retratar um contexto histórico.

É a diversidade de *Digimon* que parece estar na origem das escolhas das crianças a favor de *Pokemon*, tornando a narrativa mais complicada e exigindo um maior esforço para acompanhar a história, sendo, consequentemente, mais difícil a identificação dos objectivos das personagens. A variedade de sinais semióticos em *Digimon*, como a intensidade da música e a combinação de animação computorizada com animação de celulóide, deve também ser tida em consideração como possível influência na percepção, compreensão e atenção das crianças.

Assim, sugere-se a existência de características narrativas que contribuem para o sucesso de algumas séries de animação junto dos públicos infantis. Estas são: um número limitado e relativamente constante de personagens; uma personagem principal facilmente identificável; um enredo simples, fácil de seguir, com um princípio definido e, mais importante, um fim claro; a narrativa centrada na acção de crianças a quem é atribuída autonomia e responsabilidade para alcançar os seus objectivos e conferida uma voz capaz de desafiar a autoridade dos adultos de forma lógica e coerente. Para além da qualidade da narrativa, outros aspectos como a posição na grelha de programação e a frequência com que o programa é exibido devem ser tidos em consideração na análise da construção dos gostos. Uma linha de análise final, onde as estratégias de *marketing* têm consequências mais directas, é a influência do programa na interacção entre grupos de pares e as possibilidades criadas para a reinvenção de jogos e brincadeiras. Os resultados do estudo dos públicos indicam que as crianças, principalmente os rapazes, usam os desenhos animados e os brinquedos e jogos relacionados como temas de brincadeira, um dado já anteriormente encontrado no estudo da britânica ITC (*op. cit.*) sobre as percepções e usos das crianças relativamente à animação.

Animação culturalmente relevante

O Conto das Três Irmãs que caíram na Montanha

Esta história, inspirada num conto tradicional norueguês, é contada através da animação de marionetas. A narração inicial introduz a história:

> Às vezes até a terra onde vives te pode surpreender. Há muito tempo, na sombra de uma montanha, vivia uma família pobre; uma viúva doente e as suas três filhas: Carrie, Mary e Mai.

É um conto sobre uma menina, Mai, que salva as suas irmãs de um Troll escondido dentro da montanha. A família de Mai é pobre e ganha a vida com a venda, no mercado, dos ovos da sua única galinha. Um dia a galinha desaparece. A irmã mais velha procura-a; ignorando os conselhos da mãe vai para além da árvore grande e acaba por cair num buraco e nos braços do Troll. A irmã do meio encontra o mesmo destino. Mai consegue ver o que acontece à irmã, surge deliberadamente nos aposentos do Troll e, quando este lhe pede, aceita ser sua namorada. Descobrindo os segredos do Troll, Mai salva as irmãs e todas regressam a casa. Ao perseguir Mai, o Troll esquece-se que não se pode expor à luz do dia, transformando-se numa montanha. Os principais cenários são a cabana de madeira onde vivem as três irmãs e a mãe, a floresta escura e a gruta do Troll. O vestuário das personagens é inspirado pelo folclore norueguês, indicando um distanciamento temporal. As irmãs são bastante diferentes, a mais velha é alta, magra de cabelo preto comprido; Mary é gorda e tem cabelo ruivo encaracolado e Mai, a mais pequena, é loura.

O desenho animado integra a co-produção internacional ATW produzida pelo canal britânico S4C e os estúdios *The Right Angle* para a fundação *The Children's International Television Foundation*. Na *newsletter* dos ATW de Julho de 1999, Chris Grace sugere ter sido a necessidade de diversidade cultural na televisão para crianças a força motriz para a produção dos contos. Das entrevistas com profissionais da indústria de animação envolvidos no ATW, provenientes da Espanha, República da Irlanda, Namíbia e Alemanha, conclui-se que a diversidade cultural é equacionada com tradição cultural, no caso, contos tradicionais de cada país. Apesar dos entrevistados não terem abordado a questão da especificidade cultural directamente, enfatizaram a importância de olhar para os contos tradicionais de cada país e de os trabalhar e contar, acreditando ser importante levar as tradições dos seus países a diferentes partes do Mundo, considerando os contos um estímulo ao orgulho das crianças na sua herança cultural.

> Podem ver contos de todo o Mundo. Não é fantástico? Podem ver como podem ser diferentes as culturas e países e como muitos contos se aproximam. Podem

> aprender muito sobre os diferentes estilos artísticos, imagens, cores, etc. Podem aprender algo sobre a história de cada país, a natureza, as pessoas. (Criativo da *Clay Art / Scopas Medien AG*, Alemanha, Janeiro de 2004.)
>
> Na Namíbia vai incutir orgulho. Dá aos jovens namibianos a oportunidade de ter aspectos da sua cultura a serem vistos globalmente, a uma luz mais positiva, gerando maior compreensão. Esta história em particular é óptima porque também diz aos miúdos 'vejam, sentimos muitas coisas tal como vocês, não somos assim tão diferentes. (Criativa da *NBC*, Namíbia.)

O projecto promove a diversidade cultural e a produção de animação em países pobres e em países onde a produção é incipiente. A ideia original seria fazer com que os parceiros mais ricos subsidiassem os países com menores recursos. Paradoxalmente, as preocupações com o apelo global ainda estão presentes. Na opinião dos entrevistados, uma boa história é aquela que pode ser apreciada em qualquer contexto, sugerindo a existência de ingredientes universais. A ideia generalizada é a de que as histórias para crianças devem conter uma mensagem positiva, centrando-se nas capacidades das crianças para conseguir um final feliz. Independentemente das variações locais em termos de enredo, todos os entrevistados referiram que as suas histórias têm uma criança como protagonista, ultrapassando inúmeros obstáculos, o que, na opinião dos criativos, proporcionará aos públicos infantis uma identificação com a história:

> Penso que a maior parte fará as crianças reagir de forma semelhante – uma menina que assume responsabilidades; a descoberta de criaturas mágicas; são temas relativamente universais e compreensíveis. (Criativa da *Tomavistas*, Espanha, Janeiro de 2004.)

No conto da Noruega, é a pequena Mai que nunca deixa de acreditar na resolução dos problemas, acabando por salvar a família. O conto foi inspirado por uma personagem típica do folclore norueguês ([170]) e, ainda que não seja exactamente igual (no fim, por exemplo, a heroína é recompensada pela reunião da família, enquanto que os finais dos contos analisados por Propp envolviam a união com um individuo do sexo oposto), a estrutura da narrativa aproxima-se das funções de Propp.

A Mai tem um papel bastante activo, descobre os segredos do Troll, encontra os pós mágicos que trazem as suas irmãs de volta à vida, encontra os pontos fracos do Troll (o seu medo de trovões e o efeito da luz do sol). A pequena menina engana e derrota o Troll, conseguindo conquistar a sua confiança e fingindo gostar dele. Por contraste, a mãe das meninas tem um papel passivo, o sofrimento provocado pela doença impede-a de tomar conta das filhas, levando-a a enviá-las para os bosques apenas com um valioso conselho como protecção – 'Não vão além da árvore grande'.

O vilão é uma personagem complexa, sente-se só e castiga as irmãs de Mai por se recusarem a ser suas namoradas, mas quando Mai lhe oferece a sua amizade, o Troll torna-se afectuoso e vulnerável, dando roupas novas à menina, devolvendo a vida à galinha, levando um saco de comida à mãe de Mai (sem saber que está a transportar as suas outras prisioneiras). Mais do que repulsa, o Troll inspira pena. Enquanto os sentimentos de Mai estão presentes nas suas acções (ao demonstrar confiança na sua galinha, ao chorar e revelar a sua infelicidade pelo destino das irmãs), as emoções do Troll são

---

([170]) As características físicas do Troll são inspiradas no trabalho do ilustrador de Trolls, o norueguês Theodor Kittelsen.

apresentadas ao espectador indirectamente – quando pergunta às meninas se querem ser suas namoradas, pode apenas pressentir-se que a solidão move uma criatura feia a viver numa gruta levando-a a cometer más acções. O vilão inspira alguma simpatia, uma estratégia possivelmente adoptada devido à idade do público-alvo e dos vários significantes de horror (a floresta escura, os sons de criaturas da noite, o *suspense* da música) presentes no episódio. Por outro lado, sendo a única personagem masculina, terá que agradar de algum modo aos meninos para estes se relacionarem com a história de forma não comprometedora da sua identidade social (como sucedeu com os meninos portugueses que participaram na investigação).

Devido ao enredo, este conto foi algo problemático no contexto de produção da série, principalmente no Reino Unido onde a pedofilia emergia como tema de debate na esfera pública. Um dos directores de produção referiu em entrevista ter havido preocupações com o facto de um Troll gigante aprisionar uma menina para que esta fosse sua namorada, um enredo potencialmente conotável com actos pedófilos. Também o criativo da produtora irlandesa *Brown Bag Productions* fez referência à necessidade de adaptar o conteúdo dos contos para evitar polémicas:

> Foi-me dito que, quando o guião foi seleccionado como 'a história irlandesa', eu teria que cortar todas as referências à religião. Apesar de eu ser agnóstico, considero isto 'estranho'. Para o bem ou para o mal, as crenças cristãs de vários tipos foram, durante muitos séculos, uma parte essencial das vidas do povo da Irlanda. Assim, apesar de *Sean Sleammon's Dream* ser uma história cómica, inclui muitas referências a santos, igrejas e ideias sobre o céu. Mas todas tiveram que desaparecer...

Tais preocupações são semelhantes às de produções orientadas para o mercado nas quais as referências culturais óbvias tendem a desaparecer. Nos ATW, as preocupações são relativas a elementos que possam ser considerados sensíveis ou potencialmente ofensivos para diferentes públicos, não apenas crianças. Determinados elementos tornam-se problemáticos devido a uma determinada agenda dos adultos mais do que a uma necessidade de proteger as crianças. Não se verificou um conhecimento aprofundado dos públicos infantis e dos temas que possam ser considerados ofensivos pelas crianças. Pelo contrário, as entrevistas indicam um conhecimento das regras do mercado. Os excertos seguintes de respostas à questão 'qual a idade do público dos contos?' ilustra o argumento:

> É para crianças dos cinco aos sete anos. A série tem este público-alvo, por isso deve ser isso, talvez os produtores galeses lhe possam dizer porque tomaram essa decisão; o meu intuito é que este é um grupo de idades sensível aos objectivos da série: contar histórias e mostrar uma variedade de culturas e estilos de vida. (Criativa da *Tomavistas.*)

> O grupo de idades até aos onze (talvez um pouco mais velhos). A história é sobre uma menina de onze anos (...), a história que fizemos é ideal para este grupo alvo reflectindo os problemas que uma miúda desta idade pode ter. É sobre encontrar a sua força e liberdade. (Criativo da *Clay Art / Scopas Medien AG.*)

> Seis, sete aos dez, doze anos de idade. Bem... Este é o que nós acreditamos ser o alvo dos programas de animação deste tipo. (Criativo da *Brown Bag Productions.*)

Um outro indicador é a relutância de esboçar comentários sobre a importância da especificidade cultural na programação para crianças e sobre a forma como estas interpretarão os significantes de cultura. A confiança no sucesso da história deriva essencialmente do empenho dos criativos em produzir uma boa história, mas estes parecem hesitar relativamente às características do público-alvo.

> Não olhamos tanto para a diversidade do público pois, na verdade, não sabemos nada sobre este. Para nós é importante contar uma história típica aqui da região. Deve dar algo especial, algo único às outras crianças nos outros países. Algo que possam recordar sobre a nossa história. (Criativo da *Clay Art / Scopas Medien AG.*)

> Suponho que uma ambição óbvia da série é fazer com que as crianças numa parte do mundo reconheçam, nas histórias de outro lugar, que estas são verdades básicas e emoções da vida e experiências que todos partilhamos. No entanto, também é possível que as diferenças culturais de um conto de um local remoto tornem a história impenetrável... e assim confirmar as suspeitas 'Eles são estranhos!' (Criativo da *Brown Bag Productions.*)

Uma boa história pode, de facto, ser a chave para cativar a atenção das audiências. Procurar nas tradições locais a inspiração para produzir histórias para crianças pode atrair estes públicos, se não pela relevância cultural, pelo poder de atracção generalizado das histórias sobre as emoções humanas e a celebração das capacidades de cada um. No próximo capítulo sugere-se que as crianças portuguesas participantes nesta investigação, mais do que se concentrarem em significantes de especificidade cultural, procuraram as acções de personagens individuais e a qualidade da animação.

A mensagem subjacente dos ATW é a de que a televisão é uma contadora de histórias universal com regras de aplicação global. A principal preocupação não se relaciona com os gostos dos públicos mas com a qualidade da série enquanto produto televisivo. A diferença relativamente à animação comercial encontra-se no facto de os ATW não dependerem das pressões de produzir para uma grande organização com fins lucrativos, o que permite salientar as tradições populares, utilizar diferentes estilos de animação e oportunidades para desenvolver a animação em países com poucos recursos. Em relação à forma como os públicos são construídos, as diferenças poderão não ser flagrantes. A ideia básica é a da semelhança dentro da diferença. Como públicos televisivos, as crianças são construídas de modo uniforme: independentemente dos contextos em que vivem, todas encontrarão sentidos e apreciarão histórias com finais felizes e mensagens positivas sobre o ser criança.

A produção de animação em Portugal

> Dos produtores aos autores; dos realizadores aos animadores; dos técnicos às secretárias administrativas; não há outra forma de o fazer, sem dedicação, sem baixos salários, sem amor, o sacrifício e o empenho exemplar que todos trazem para cada trabalho. Mas os frutos já podem ser vistos. Hoje ninguém pode dizer que é impossível viver da animação em Portugal. No Norte e no Sul do país há pessoas a trabalhar para a produção de filmes e séries de animação, nascidas a falar português e reflectindo a nossa cultura e alma que nos caracterizam como Povo (Humberto Santana) ([171]).

([171]) In Gaio, A., 2001. *História do Cinema Português de Animação – Contributos*, Porto Capital da Cultura Europeia 2001.

Actualmente os filmes de autor nacionais têm uma projecção internacional através do trabalho de criativos como Abi Feijó, cujo filme *Salteadores,* de 1993, baseado num conto do escritor Jorge de Sena sobre a guerra civil espanhola, ganhou 14 prémios internacionais; José Miguel Peixoto, autor de *A Suspeita* de 1999, vencedor do prémio *Cartoon d'Or,* e Regina Pessoa, autora de *A Noite*. Como sugere Gaio ([172]), o trabalho destes autores reflecte mais do que preocupações estéticas, buscando uma profundidade para a narrativa através do recurso a temas políticos, sátira social e memórias pessoais.

A produção de animação para crianças ter-se-á iniciado nos anos 70, altura em que a RTP encomenda à *Topefilme* uma série inspirada nos contos tradicionais portugueses. Originalmente a série deveria ter 13 episódios, com contos de cada uma das províncias portuguesas, mas o financiamento foi suficiente apenas para quatro. No mesmo período *A Lenda do Mar Tenebroso* foi a primeira animação a participar na série *La Favolistica Europea*. Em 1979 inicia-se a produção de *Ouriços*, uma série com oito episódios de sete minutos com preocupações ambientais. Sem diálogos, a série foi comercializada em vários países incluindo os PALOP, quando nestes começam as transmissões televisivas já na década de 90, significando um aumento do mercado de língua Portuguesa para cerca de 200 000 000 de pessoas ([173]).

No início dos anos 90, com os fundos europeus para o desenvolvimento da animação, o Instituto Português do Cinema (IPC) aumentou o investimento na produção

---

([172]) *Ibid.*

([173]) Ponte, C., 1998. *Televisão para Crianças: O direito à diferença*, Lisboa: Escola Superior de Educação João de Deus.

local. Mais de cem curtas-metragens são encomendadas para a versão portuguesa da *Rua Sésamo* e para a série pré-escolar portuguesa *O Jardim da Celeste*. Em 1991, o IPC encomenda *A Maravilhosa Expedição às Ilhas Encantadas*. Posteriormente, o investimento diminuiu; um criativo da produtora *Animanostra*, responsável pela série, comenta:

> Com as Ilhas Encantadas estávamos cheios de ilusões que as coisas mudariam rapidamente, mas não aconteceu. Quando acabámos o projecto e a série foi para o ar, coincidiu com o aparecimento dos canais privados e isso destabilizou o mercado de investimentos. O que aconteceu foi uma falta de interesse dos canais que, como sabemos, procuram produtos para grandes audiências (em entrevista à autora, Novembro de 2002).

No final dos anos 90, a RTP encomendou outra série à *Animanostra*, *Os Patinhos*, inspirado numa canção popular para crianças, originalmente um pequeno filme integrado no *Jardim da Celeste*. A série tornou-se um sucesso de audiências e de vendas, o que não evitou o seu cancelamento pela nova direcção do canal.

> Foi para mim um profundo mistério. Não entendo como um canal com um investimento relativamente pequeno e com lucros superiores a 100%... não sei... O facto é que nos foi informado pela nova direcção que o filme quebrava a grelha de programação, isto é, as pessoas, os adultos, mudariam de canal quando *Os Patinhos* iam para o ar. Não acredito, honestamente, penso que foi uma falta de sensibilidade para um fenómeno (idem).

Desde o início das transmissões, as produções estrangeiras dominam os espaços dedicados à animação para crianças na RTP; séries americanas como *Os Flinstones*, *Os Jetsons*, *Top Cat* dos estúdios *Hanna & Barbera*, e *Bugs Bunny* da *Warner Bros* foram das primeiras a serem exibidas. A maior parte dos programas para crianças até aos finais da década de 60, refere Ponte ([174]), são produções realizadas por estúdios locais, como peças de teatro, marionetas, circo e espaços para contar histórias em ambiente de 'festinha de anos'. Passadas mais de três décadas, o interesse dos canais portugueses nas produções nacionais parece ser menor em relação a séries de animação, bem como a outras produções de estúdio, como a *Rua Sésamo*, o *Jardim da Celeste* ou *Caderno Diário*, que, no momento em que se escreve, estão canceladas.

A Maravilhosa Expedição às Ilhas Encantadas

Em 1991 a produtora *Animanostra* começa um projecto inspirado pelo período dos Descobrimentos e na lenda das ilhas de São Brandão, as Ilhas Encantadas. Durante o reinado de D. João II, o mito está desacreditado, mas um pequeno grupo da corte insiste em fazer um esforço para encontrar as ilhas abençoadas. O rei apoia uma expedição, contudo os recursos dispendidos para outras viagens a preparar em simultâneo (como a de Vasco da Gama) significam que apenas uma das piores caravelas e uma tripulação medíocre estão disponíveis. A narrativa baseia-se nos esforços investidos na expedição desde a sua partida de Lisboa, à passagem pelas novas terras até à chegada às Ilhas Encantadas.

([174]) *Op. cit.*

No episódio analisado, a tripulação, provavelmente desembarcada na Austrália, conhece um aborígene que, através de magia lhes mostra uma visão de um dragão cor-de-rosa e das ilhas, levando os heróis a recuperar a confiança no sucesso da sua viagem. A estrutura sintagmática geral e do episódio particular são apresentadas nos quadros seguintes:

QUADRO VI

Organização sintagmática da série

Viagem → Chegada a nova terra → Ajuda local → Recomeço da viagem

QUADRO VII

Organização sintagmática do episódio (b)

Viagem → Chegada a nova terra → Encontro com aborígene → Confirmação da existência das Ilhas Encantadas

A viagem decorre a bordo de uma caravela e nos locais de passagem da expedição. Há dez personagens a bordo do navio: o Capitão Crispim Boavida, conhecido por 'Calminhas'; Mestre Damião, o cientista educado; Libório e Oliveirinha, que são marinheiros tal como o jovem Simão; D. Fuas Fradinho, o frade; um gato cor-de-laranja, o Alfacinha; um corvo e dois ratos antropomórficos, a Micas e o Gaspar. As formas arredondadas predominam no físico das personagens, que envergam trajes simples evocando o período histórico.

São várias as referências à cultura portuguesa. A música do genérico de abertura; as referências à culinária nacional feitas, principalmente, pelo frade. D. Fuas, um frade dividido entre o sagrado divino e os prazeres mundanos da comida, simboliza a presença das missões católicas nos Descobrimentos, alude à tradição da gastronomia conventual no país e evoca a personagem do conto tradicional português *O Caldo de Pedra*.

> Simão: Mestre, ainda acredita que algum dia encontraremos as Ilhas Encantadas?
>
> Mestre: Simão, não podemos perder a esperança. De qualquer forma, pensa em todas as terras que já vimos. Não eram as ilhas mas quase pareciam encantadas.
>
> D. Fuas: Ó meus filhos, eu já me contentava com um presunto encantado...
>
> ....
>
> Mestre: Será que vamos encontrar alguém? Estas terras não parecem habitadas.
>
> D. Fuas: Descansa. Em breve Crispim e os outros estão de volta com uma data de gente. Entretanto... Podíamos apanhar um daqueles peixes... [tubarões]
>
> Mestre: Apanhar um daqueles monstros, D. Fuas?
>
> D. Fuas: Sim, sim! Eu não sei porquê mas tenho cá um pressentimento que devem ficar muito bem com molho de cebolada.

D. Fuas e Libório partilham uma pronúncia com conotações religiosas e geográficas: a troca do ‘s’ por ‘x’ nas palavras habitualmente associada aos membros da igreja ou à região centro-interior. A linguagem é um aspecto importante que reforça a especificidade cultural da série; para além do uso de pronúncias diferenciadas encontram-se referências à mitologia popular portuguesa ([175]) pela menção do demónio.

([175]) Ver, por exemplo, a obra de Consiglieri Pedroso para interpretações sobre a figura do Demónio na cultura popular portuguesa.

D. Fuas: Oxalá encontremos uma pensão onde possamos comer um cozidinho. Está-me a da uma fraqueza... Ah! Era Belzebu! Eu vi os dentes de Satanás! ([176])

As personagens são representações icónicas do que poderiam ter sido as tripulações daquele período. Oliveirinha, o marinheiro fadista ([177]) – uma das teorias sobre a origem do Fado relaciona esta forma de canção com as tripulações que partiam e cantavam ao som da guitarra, saudosas das suas casas e famílias; o gato evoca a personagem de *Os Lusíadas*, o Velho do Restelo, pelo seu discurso reaccionário pregando a desgraça; Libório, o marinheiro com um 'olho para o negócio'; o Capitão 'Calminhas', representando um individuo bonachão que nunca se preocupa demasiado face às adversidades.

O valor mitológico da série é transmitido de quatro formas distintas. Primeiro, a história incentiva o espectador a acreditar e perseguir os seus sonhos, com esforço e persistência estes tornar-se-ão realidade; neste ponto é semelhante aos outros programas analisados, mas distingue-se por não contar a história do ponto de vista de uma criança. Esta é uma aventura de toda a tripulação constituída maioritariamente por adultos. O segundo ponto é a ênfase colocada no trabalho de equipa e na amizade; não existe um herói com capacidades excepcionais, mas um grupo de personagens com personalidades que se complementam e com papéis hierárquicos bem definidos onde a orientação, não o comando, prevalece. Um terceiro aspecto é o respeito e confiança noutras

---

([176]) Reacção de D. Fuas ao ver os tubarões pela primeira vez.

([177]) Ver, por exemplo, <http://www.fe.up.pt/~fado/por/indexport.html>.

culturas, povos e formas de conhecimento. Finalmente, a história protagonizada por Gaspar e Micas salienta a importância da família, compensando a falta de informação sobre a vida privada dos outros membros da tripulação ([178]).

No episódio existem duas narrativas. A narrativa principal sobre a descoberta de uma nova terra e a confirmação da existência das Ilhas Encantadas; a narrativa secundária baseia-se num drama doméstico entre o casal de ratos antropomorfizados a bordo do navio, que discute a insegurança do seu futuro quando Micas revela a Gaspar estar grávida. A narrativa secundária alarga o potencial de atracção da série pela introdução de uma personagem feminina e de romance. Voltando às entrevistas do estudo-piloto, é possível prever que as meninas sejam cativadas pelo romance e pela vida familiar e por alguma magia e fantasia (apesar das referências a estes elementos durante as entrevistas se relacionarem com lendas de cavaleiros e princesas), ao mesmo tempo que apreciarão a ausência de violência e lutas. Em relação aos gostos dos meninos, poderão considerar-se desfavoráveis a ausência de combates e de efeitos especiais, bem como a curta duração dos episódios; o uso de momentos cómicos será, eventualmente, um aspecto favorável. O próximo capítulo analisará as respostas das crianças ao programa; de qualquer forma, e em retrospectiva, apresenta-se a opinião de um jornalista português, com doze anos na altura em que a RTP transmitiu a série, recordando a sua avidez para assistir a todos os episódios:

([178]) Não se encontraram referências às vidas que os marinheiros deixaram em Portugal nos episódios que compuseram a amostra.

> O que mais me cativava eram os cenários, os desenhos, as cores, as vozes e a versatilidade das personagens. Todos estes elementos me agradavam e, por isso, nunca perdia um episódio, pela primeira vez consegui seguir uma série até ao fim [...]. Um aspecto peculiar era o mar, o seu brilho, cor e contraste davam à série uma composição absolutamente realista (T.S., jornalista português, em entrevista à autora, Maio de 2004.)

Quando questionado sobre os elementos da narrativa e do estilo de animação que mais apelariam às crianças, o criativo da *Animanostra* referiu que, pessoalmente, preferia a simplicidade tanto nos desenhos como nos traços psicológicos das personagens. Para ele, a animação para crianças deve cativar o público, levando-o a identificar-se com personagens e cenários que devem ser amigáveis e de percepção imediata, particularmente quando se dirigem a crianças mais novas.

> As personagens devem ser quase como um espelho para os mais pequeninos para que se identifiquem com o boneco. A simplicidade dos gráficos é essencial, apesar de ser possível ver nas produções internacionais que o grafismo tem mudado substancialmente; aposta-se muito mais na animação agressiva mesmo para as crianças muito novas. No entanto, penso que o que alcança maior sucesso é a personagem... Os bonecos redondos no caso dos públicos mais novos, depois as coisas mudam um bocadinho (Criativo da *Animanostra*, *op. cit.*)

Às preocupações com a simplicidade, o criativo acrescenta a necessidade de apresentar padrões culturais básicos com os quais as crianças se possam identificar, algo que não encontra no mercado português, dominado pela animação estrangeira. O criativo acredita que a relevância cultural é a razão pela qual ainda hoje há quem se lembre de *A Maravilhosa Expedição às Ilhas*

Encantadas, embora os estúdios também se preocupem em moderar as referências específicas para que os produtos sejam viáveis internacionalmente.

Análise semiótica dos programas

A análise do pequeno episódio, com uma duração de cinco minutos, de *A Maravilhosa Expedição às Ilhas Encantadas* confirma a preocupação do criativo relativamente à simplicidade. O uso de planos médios e de ângulos normais sinaliza o olhar convencional, favorecendo a compreensão das crianças mais novas e menos familiarizadas com as convenções da linguagem do cinema. Os planos gerais do cenário evocam o ritmo lento das viagens marítimas da época dos descobrimentos, mas são atípicos dos programas para crianças onde se tende a usar técnicas de edição para imprimir movimento e dinamismo. Os grandes planos, normalmente utilizados na conotação de intimidade ou envolvimento, acentuando emoções, são utilizados nas cenas entre Micas e Gaspar e confirma a ideia de que estas personagens têm uma função emocional. Relativamente ao som, a banda sonora é quase inexistente e os efeitos sonoros são significantes de natureza (o som do mar, dos pássaros, do navio em movimento).

Estilisticamente a série *Pokemon* é mais complexa. De todos os programas em análise foi o único onde se encontraram sintagmas que não coexistem no mesmo espaço e tempo (quando a mãe de Ash relembra o momento em que encontrou Brock, os espectadores são transportados para o passado e para uma localização diferente). O episódio analisado tem cerca de 15 minutos e revela uma diversidade de ângulos, planos e transições entre cenas. O ângulo mais comummente utilizado é o normal, proporcionando ao espectador uma visão directa dos sujeitos e objectos no ecrã; o ângulo picado foi usado para fornecer uma vista panorâmica das personagens, enquanto o ângulo contra-picado surge como um significante de inferioridade da personagem em relação a alguém ou algo (por exemplo, quando Tracy espera nervoso os comentários de Oak ou quando Ash e Misty testemunham a derrota do seu *Pokemon* Muck que sucumbe ao adversário). O corte simples foi a técnica mais comum de transição entre cenas ainda que se tenham encontrado o *fade*, o *dissolve*, a cortina. As variações de planos de pormenor (entre o grande plano e o muito grande plano) auxiliam na identificação dos sentimentos da personagem (de cada vez que alguém menciona o nome da amada de Brock; o grande plano do seu rosto é utilizado para enfatizar a dor), aumentam a tensão dramática da cena e direccionam a atenção do espectador para aspectos particulares. Os planos longos são usados nas cenas de acção, conjugados com ângulos picados que criam a ilusão de um campo de batalha e constroem a intensidade da cena. A transformação é outra das estratégias usadas, os cenários transformam-se subitamente para realçar momentos cómicos ou dramáticos ou para imprimir movimentos a desenhos estáticos (durante os espasmos de Brock, o cenário é substituído por linhas escuras; quando a mãe de Ash imagina usar o troféu do filho como peso para exercitar os braços, a sala torna-se cor-de-laranja com círculos coloridos; durante as batalhas o movimento de linhas coloridas cria a ilusão de movimento quando, na realidade, as personagens estão paradas).

Em *As Navegantes da Lua*, também com uma duração de 15 minutos, a transformação é um recurso usado para fins semelhantes, em cenas de humor (como a cena em que os olhos de Bunny, com ciúmes da amizade de Sara com um jogador de ténis, se tornam espirais e o tamanho da sua boca aumenta), acção (para simular a rapidez da bola de ténis) e drama. No caso da última função, a transformação cria ambientes escuros e cenas de grande intensidade próximas do filme de *suspense* ou terror (nevoeiro, bosques sombrios, mansões assustadoras). Estilisticamente também se aproxima de *Pokemon*, ainda que de forma mais elaborada com um maior recurso a movimentos de câmara e planos complexos, tendo, possivelmente, um público-alvo mais velho. Aqui a violência é dirigida contra as personagens 'humanas' e não contra criaturas imaginárias; as cenas de acção contrastam com o mundo colorido e feminino do quotidiano das personagens (acentuado pelo uso de cores suaves e de grandes planos de acessórios como unhas das mãos pintadas, jóias e penteados). A música e os efeitos sonoros, tal como em *Pokemon*, são uma parte integrante da narrativa, reforçando oposições entre o bem e o mal, entre momentos tristes e alegres, calmos ou excitantes.

A intensidade narrativa de *O Conto das Três Irmãs que Caíram na Montanha*, os cenários sombrios e o aspecto físico do Troll são suavizados pelo uso de planos gerais que ajudam o espectador a ter uma perspectiva abrangente das cenas e a colocar-se numa posição exterior aos acontecimentos. Também os ângulos picados proporcionam uma vista panorâmica dos cenários e relativizam o poder das personagens que, mais pequenas aos olhos do espectador, se tornam menos ameaçadoras; os grandes planos surgem em pequeno número, são usados para revelar pormenores e não tanto para explorar emoções. As transformações são integradas na narrativa e resultam de consequências imediatas de acções (como a transformação das meninas em pedra pelo toque do dedo do Troll) e como tal são passíveis de mais fácil compreensão pelos públicos (até porque algumas são explicadas pelos diálogos ou pelo narrador) indicando uma preocupação, por parte dos criativos, em empregar técnicas facilitadoras da compreensão da história e suavizantes da carga dramática. Os efeitos sonoros e a música têm como função principal a intensificação do *suspense*, excepto quando o Troll deixa de ser uma ameaça.

Síntese

As pequenas produtoras cujo principal mercado é o local tentam cativar os potenciais compradores nacionais justificando a qualidade da animação produzida com a relevância cultural dos produtos. O interesse que geram é limitado, o que as leva a considerar as exigências do mercado internacional. Existe uma contradição inerente a este processo, a dependência do mercado conduz a um esforço consciente para produzir conteúdos culturalmente relevantes, mas apenas na medida em que não venham a prejudicar a possibilidade de penetração no mercado internacional. A especificidade cultural da animação para televisão está condicionada pela consideração dos potenciais compradores e pelo conhecimento profissional da economia específica do mercado, não resultando necessariamente de um profundo conhecimento do público-alvo.

Mais do que a diferença, é a semelhança o aspecto marcante da forma como os criativos da animação constroem os públicos infantis. Nos programas analisados há uma mudança do tema clássico do super-herói para uma crença vulgarizada na importância de atribuir à criança uma posição de poder. As crianças são construídas como um público homogéneo com gostos semelhantes, preferindo histórias sobre crianças ou jovens corajosos cuja força interior os transforma em heróis. Esta construção parece resultar de uma mudança, que tem vindo a ocorrer nas sociedades ocidentais desde meados do século XX, na forma como a infância é entendida. DeMause (*op. cit.*) identifica esta construção como *helping mode*, uma tendência para considerar que as crianças estão mais bem informadas para avaliar as suas necessidades do que encarregados de educação e professores. Se assim é, prevê-se uma continuação na composição de personagens e histórias retratando crianças independentes e com opiniões próprias.

Haverá, então, uma impossibilidade da prevalência da especificidade cultural no mercado global? Neste estudo, a especificidade cultural emerge em dois níveis: ao nível da narrativa (equacionada com as tradições populares e a relevância histórica) e ao nível do estilo (as características marcantes da animação japonesa, os significantes de cultura portuguesa, os estilos alternativos de animação). Mesmo num contexto de globalização é possível conferir um certo grau de especificidade a um desenho animado, adaptando a linguagem ao contexto sociocultural de recepção.

A globalização não é o único obstáculo à especificidade cultural, a própria ambiguidade do conceito pode ser limitadora, já que os criativos nem sempre têm uma ideia clara do que significa. Inevitavelmente, surge ligado ao folclore e às tradições do passado, mas na realidade é um conceito com um potencial mais abrangente, estando tão ligado ao passado como ao presente. Os povos num dado contexto geográfico e político não estão isolados

– num contexto global as suas identidades são evolutivas. A especificidade cultural é a herança cultural de um povo e é também um resultado de referências da vida quotidiana, pequenos detalhes como o que se come ao pequeno-almoço, a forma como os aniversários são festejados, as roupas que se usam, o programa televisivo preferido, entre muitos outros elementos formadores desta especificidade.

Não é suficiente olhar para os livros de história ou para o folclore local quando não se conhece o que as crianças irão reconhecer como seu. Na *4.ª Cúpula Mundial de Media para Crianças e Adolescentes* a empresa Multirio Brasil ([179]) apresentou um projecto de uma série de animação inspirada no folclore brasileiro reunindo a participação de profissionais da educação, produtores e das crianças que ajudaram no processo criativo. O projecto acredita que uma televisão de qualidade para públicos infantis só será conseguida com a participação daqueles a quem se destina; as crianças foram convidadas a falar da história e a idealizar cada personagem, acompanhando a produção da série. Outro exemplo de como os programas se podem tornar relevantes para os públicos foi apresentado, na cimeira, pelo *The Sesame Street Workshop*. A versão sul-africana do programa pré-escolar *Rua Sésamo* apresenta Kami, um fantoche que desempenha o papel de uma menina portadora do HIV. Na versão egípcia, uma das principais preocupações é a educação de meninas, porque neste país apenas metade da população feminina em idade escolar tem a oportunidade de aprender a ler e escrever. O projecto *Pyalara*, na Palestina, reconheceu a importância dos *media* nas zonas de conflito, como veículo de

([179]) <http://www.multirio.rj.gov.br/juroquevi/ocurupira>.

educação e entretenimento ao reunir jovens e ONGs na produção de um programa que lida com os medos, problemas e expectativas das crianças. Similarmente, o *Golden Kids Club* da TV2 Malásia mostrou umas das apresentações mais impressionantes através de um excerto de um programa realizado e apresentado por adolescentes sobre a vida das crianças iraquianas.

Não se sugere que a animação deverá necessariamente lidar com a temática da guerra ou a pandemia da SIDA. O argumento que se apresenta relaciona-se com a necessidade de considerar a especificidade cultural de forma plural, utilizando diferentes abordagens e temáticas das quais não deverão ser alheias as considerações das crianças. No próximo capítulo apresentam-se os discursos sobre programas de animação produzidos pelas crianças que participaram neste estudo, abordando questões de gosto, qualidade, percepções de especificidade cultural e construções sociais de identidade.

Capítulo VII

Os Discursos das Crianças

Faz-me feliz (Margarida)
Correm muito e caem sempre (Bernardo)
São engraçados (Gonçalo)
Fazem-me feliz (Rita)
Ajudam-me a acordar (Ema)
São divertidos (Miguel)
Têm histórias tristes (Daniel)
Eu gosto muito (Hélder)
São bonitos (Abílio)
Atiram tartes às caras (Tiago)
Distraem-me para passar tempo (André)
São porreiros e as crianças gostam (Diogo)
Fazem-te rir (Filipe)
Ajudam a passar tempo (Ana)
Fazem coisas malucas (Marta)
Põem-me de bom humor (João)
Eu gosto muito (Catarina)
São manhosos (Tatiana) (180)

---

(180) Comentários produzidos por crianças entre os seis e os sete anos completando a frase "Eu gosto de desenhos animados porque...".

Ingredientes para uma receita de sucesso

Que opiniões sobre animação televisiva emergiram do trabalho com as crianças? Que elementos valorizaram? A partir das respostas obtidas foi possível esboçar uma lista de características importantes para a definição de qualidade: o humor (resultante de piadas e da astúcia das personagens); batalhas (não necessariamente traduzidas pela violência de combates mortais sangrentos, mas por formas de acção onde a tecnologia e os efeitos especiais são usados); o sexo das personagens (variável de acordo com o sexo da criança-público); a técnica de animação (preferência pela animação de desenhos em detrimento da animação de marionetas, resultado que pode ter sido determinado pela predominância deste tipo de animação na televisão portuguesa); a qualidade da narrativa (definida por subcategorias como a coerência e a simplicidade do enredo); a personalidade das personagens (definida, principalmente pela negativa, uma vez que os comentários surgiram como críticas a comportamentos demasiado infantis e ao histerismo); as características físicas das personagens (aqui as preferências oscilam entre as personagens de animais com características antropomórficas e as personagens 'humanas'); a existência de *merchandising*, brinquedos, jogos, entre outros, associada ao programa; romance entre as personagens; a fantasia (diferenciada entre objectos marcados pela sofisticação tecnológica e a existência de magia associada aos contos de fadas); os ambientes e desafios associados ao lar e à família. Por último, refira-se o carácter instrutivo que, apesar de não ter sido considerado uma característica relevante de qualidade, foi mencionado como uma função de alguns desenhos animados.

Diferenças decorrentes da idade e sexo

As distinções entre masculino e feminino são evidentes nos discursos das crianças, assim como, apesar de menos marcantes, as diferenças decorrentes da idade. Saliente-se que o facto de afirmarem a sua desaprovação de alguns elementos não significa que não assistissem a programas caracterizados pela presença desses mesmos elementos. O facto de, por exemplo, as meninas dizerem não gostar de 'lutas', não significa que não vissem desenhos animados onde estas fossem centrais para a acção.

As crianças entre os seis e os sete anos falaram sobre animação com entusiasmo e questionaram as escolhas feitas pela investigadora para os excertos de programas exibidos, sugerindo outras opções, um comportamento que revela terem gostos bem definidos. Verificou-se uma tendência para desviar o debate no sentido de comentar programas considerados mais interessantes do que os escolhidos pela investigadora; apesar de afirmarem gostar de todos os programas seleccionados, preferiam falar dos seus preferidos. Um dos meninos mostrou-se particularmente interessado em saber por que razões os excertos provinham de episódios antigos:

> Menino 1: Porque não gravaste o *Digimon* todo?
>
> Investigadora: Porque não tínhamos tempo para ver tudo. Eu só queria saber o que vocês achavam do desenho animado.
>
> Menino 1: Aquele [o monstro digital no *clip*] é o mais forte de todos.
>
> Investigadora: É o mais forte? Já tinhas visto este episódio?
>
> Menino 2: Sim, mas agora dá na televisão muito tarde.
>
> [após algum tempo e no decorrer de uma conversa sobre *Sailormoon* o Menino 2 retoma o assunto]

Menino 2: Foi mostrado há muito tempo. Podias ter gravado o episódio de hoje.
Menino 3: Ela não podia ter adivinhado qual era o episódio de hoje.
Menino 2: Podias deixar para amanhã
Menino 3: Mas amanhã
Menino 2: Devias ter deixado para a tarde!

Nesta ocasião, foram entrevistados meninas e meninos em simultâneo. Quando a entrevista começou, apenas os meninos tinham chegado ao Centro Social. As meninas, apesar de não terem tido oportunidade para ver os excertos e de estarem em inferioridade numérica, participaram activamente na discussão sobre preferências. Uma das meninas, apercebendo-se de que os rapazes se sobrepunham ao seu discurso, adoptou a sua própria estratégia para se fazer ouvir: assim que um programa era referido emitia a sua opinião em voz bem alta. O seu desenho animado foi *Cinderella*, uma adaptação japonesa do conto dos irmãos Grimm, opção consensual entre as meninas, que também referiram *Nobita* (o nome da personagem principal da série de *anime Doraemon*, em exibição no canal Panda); *As Navegantes da Lua* foi o programa menos consensual. Os rapazes mencionaram *Pokemon*, *Digimon* e *Dragon Ball* como os seus preferidos.

As qualidades destacadas foram o humor, a diversidade da narrativa e a existência de *merchandising*. As meninas salientaram a presença de personagens femininas no papel principal, os ambientes domésticos e os dramas quotidianos, mencionando as tarefas domésticas, o ir para a escola e as relações de amizade como temas de interesse num desenho animado. A natureza construída dos gostos e a construção da identidade sexual emergiram em vários momentos, como se exemplifica no extracto seguinte:

> Investigadora: Disseste que gostas da *Cinderella*, conta-me como é.
> Menina 1: Uhm...
> Investigadora: Preferes desenhos animados com meninas?
> Menina 1: Sim. Eu gosto da *Cinderella* e também gosto das *Navegantes da Lua*.
> [silêncio]
> Menina 1: Os rapazes gostam mais daqueles com lutas.
> Menina 2: Lutas e animais. Eu não.
> Investigadora: Porque gostas das *Navegantes da Lua*? Diz-me como é.
> Menino 1: Eu sei! São umas raparigas a lutar contra... contra os maus.
> [falam ao mesmo tempo]
> Investigadora: Gostas?
> Menino 1: Eu gosto!
> Investigadora: Vocês acham que há desenhos animados para meninos e outros para meninas?
> Menino 2: Para rapazes, por exemplo, *Pokemon, Digimon*. As raparigas gostam daqueles... Daqueles com mulheres.
> Menino 3: Como as *Navegantes da Lua*.
> Menino 1: Eu gosto das *Navegantes da Lua*!
> Menino 2: Quem é que gosta?!
> Menino 1: Eu gosto!
> Menina 1: Eu também gosto.
> Investigadora: Elas também gostam.
> Menina 1: Elas lutam mas... É só com poderes mágicos.

Os grupos das crianças a frequentar o 2.º ano de escolaridade expuseram opiniões um pouco diferentes. As raparigas preferiram desenhos animados como *A Pantera Cor de Rosa* ou *Tom & Jerry*, salientando as sua qualidades humorísticas, demonstraram ainda, e apesar de não apreciarem lutas, o seu gosto por *Pokemon* e *Digimon* devido à variedade de aventuras, tal como os rapazes do grupo, que, por seu turno, se distanciaram de dois tipos de programas – os programas para meninas, como *As Navegantes da Lua* e os programas para 'bebés', dos quais *Rotten Ralph* será um exemplo:

> Menino 1: Não, não é divertido.
> Investigadora: Não? Acham que é para crianças da vossa idade (...)?
> Menino 2: Mais novas.
> Menino 3: Mais novas.
> [silêncio]
> Menino 1: Para o meu irmão, ele tem cinco anos.
> [...]
> Menino 2: É para bebés

Outra desvantagem desta série, de acordo com as crianças, é o estilo de animação que o grupo considerou não se tratar de desenhos animados por não envolver a animação de um desenho. O estilo de animação determinou, igualmente, a crítica dos grupos do 3.º ano. Os meninos consideraram que a animação de marionetas seria mais apropriada para as crianças mais novas, já que os próprios não apreciaram o programa. Entre as meninas houve divergências, algumas considerando o programa adequado para as suas idades, outras apontando para crianças mais velhas, mas todas justificando os seus argumentos pela compreensibilidade do estilo de animação ou pelo seu valor educativo.

> Menina 1: O... o do gatinho.
> Investigadora: É para crianças da vossa idade?
> Menina 1: É.
> Menina 2: E para algumas mais velhas, para aprenderem.

Investigadora: Acham que as crianças mais velhas vão aprender?

Menina 2: Sim.

Menina 3: As crianças mais novas não vão entender... Os bonecos movem-se de maneira esquisita.

Também nos discursos desta faixa etária se observou um esforço para tornar notórias as diferenças entre sexos através do distanciamento de enredos que envolvam lutas, no caso das meninas, ou romance, no caso dos meninos.

Menino 1: Não gosto das *Navegantes da Lua* porque é só raparigas e elas fazem muitos ataques e coisas.

Menino 2: Eu também não gosto. É luta de meninas.

Investigadora: O que é isso?

Menino 2: Lutam contra mulheres.

Menino 1: E elas dizem: 'Ó Navegantes da Lua e o Poder!' e coisas assim. É muito chato, demoram um ano a fazer aquilo.

O romance e os contos de fadas foram os temas ideais para um dos grupos de meninas do 4.º ano. Estas meninas de nove e dez anos envolveram-se numa animada discussão sobre como fariam o seu desenho animado:

Investigadora: Que história e que personagens vocês criavam?

Menina 1: Algumas meninas, princesas.

Menina 2: E magia.

Menina 3: E uma família.

Menina 4: Era um romance. Primeiro separavam-se mas depois começavam outra vez.

Menina 2: Havia fadas, boas e más, e algumas lutas mas não como os rapazes gostam, era com espadas e assim.

Em contraste, o segundo grupo de meninas da mesma idade não demonstrou qualquer entusiasmo pelo assunto. Afirmaram não gostar de desenhos animados e preferir telenovelas. Uma das professoras referiu haver diferenças acentuados na classe de origem das turmas da manhã e da tarde; segundo a educadora, as crianças das turmas da tarde seriam provenientes de famílias de classe média e média alta e, de uma forma geral, obtinham melhores resultados escolares. O grupo de meninos da turma da tarde, apesar de terem colaborado mais, também demonstrou menos interesse em desenhos animados, sendo perceptível a mudança para programas mais realistas, como os programas desportivos. Ainda assim, apontaram *Pokemon* e *Digimon* como favoritos, embora não os vissem com regularidade.

No grupo de meninos da manhã sobressaiu o entusiasmo com que um deles falou do seu desenho animado preferido, sobre 'três esquilos que têm muitas aventuras. Um [episódio] foi quando eles estiveram no muro de Berlim a dar um concerto de *rock* e deitaram o muro abaixo'. Também aqui se destaca a mudança de preferências para um estilo mais realista; este menino contextualizou o desenho animado e valorizou a referência a um momento emblemático da história do século XX. Enredos que transformam e fantasiam factos e acontecimentos poderão não ser apreciados por crianças cujos esquemas mentais estejam menos desenvolvidos. Como todos os outros grupos masculinos, estes meninos expressaram repulsa por heroínas e romance, considerando particularmente desagradáveis as insinuações sentimentais no final do excerto de *As Navegantes da Lua*.

Tarefa I: os questionários

Caracterização da população

Os questionários foram distribuídos a 46 crianças do 1.º e 4.º anos de escolaridade do primeiro ciclo do ensino básico. No primeiro ano, responderam 19 crianças (57,9% do sexo masculino) com idades entre os seis e os oito anos; no 4.º ano responderam 24 crianças (56,5% do sexo masculino) com idades entre os nove e os onze anos. A maior parte afirmou ter mais do que uma televisão em casa, distribuídas pela cozinha, sala de estar e quarto das crianças (em poucos casos).

Apenas uma criança e um encarregado de educação não tinham nascido em Portugal, sendo de origem africana, todas as outras crianças eram brancas com encarregados de educação portugueses. A estrutura familiar típica encontrada foi a pequena família nuclear (50% dos agregados eram constituidos por quatro ou cinco elementos); apenas 4,3% das crianças viviam no seio de uma família alargada coabitando com pais, avós e outros parentes. Relativamente à situação na profissão, a maioria dos encarregados de educação tinha emprego; a escolaridade variava entre o primeiro ciclo do ensino básico e o ensino superior, sendo que 17,4% das mães tinham o segundo ciclo do ensino básico e 15,2% o terceiro ciclo e, com o mesmo valor, ensino superior; 19,6% dos pais completaram o ensino superior e 15,2% o terceiro ciclo).

A maioria dos encarregados de educação admitiu não assistir à programação televisiva infantil, o que poderá explicar as críticas aos programas de animação produzidas sem referenciar exemplos concretos. Das críticas apresentadas, surgiram 15 categorias diferentes, sendo que 34,7% referiram o excesso de violência: 'Contêm cenas violentas'; 'Deviam ser mais selectivos e menos violentos'; 'Têm falta de conteúdo cultural e demasiada violência'; 'Pouca programação nacional e demasiada violência'. As restantes categorias incluíam 'Pouca variedade'; 'Podiam ser melhor'; 'Podia ser melhorada e baseada no entretenimento e cidadania' e 'Pouco conteúdo relevante e não adequada a todas as idades'; uma minoria de respostas referia que a programação é 'Boa', 'Razoável'; 'Os canais públicos são melhores e menos violentos' e, caso único, 'Boa desde que acompanhada pelos pais'. As críticas construtivas alertam para uma necessidade de melhorias, apelando a um maior investimento dos canais públicos na produção nacional e na diversidade de programação para diferentes idades.

Em geral, as crianças afirmaram gostar muito de televisão, mas notaram-se algumas diferenças entre os dois grupos etários; as crianças mais velhas mostraram-se mais exigentes e críticas quanto aos conteúdos, algo que aponta para as diferenças a nível do desenvolvimento psicológico e para a tendência das crianças mais novas polarizarem as suas opiniões. Relativamente à RTP, as crianças mais velhas demonstraram uma opinião positiva sobre a programação infantil, mas em diferentes níveis da escala: 30,4% responderam ser 'Mais ou Menos', 34,8% 'Boa' e 26,1% 'Muito Boa'. A SIC destacou-se como o canal favorito em termos de programação infantil, 56,5% disseram que esta era 'Muito Boa'. No entanto, quando questionadas sobre o canal a que assistiam com maior frequência 39,1% responderam TVI, 21,7% SIC e apenas 4,3% a RTP. As crianças mais novas demonstraram a sua predilecção pela TVI, 68,4%

disseram ser este o canal mais visto, 26,3% indicaram a SIC e apenas 5,3% a RTP. No entanto, 94,7% referiram que a programação para crianças da TVI, bem como da RTP, era 'Muito Boa'; a maioria também considerou a programação da SIC 'Muito Boa', mas 10,5% referiram que esta seria 'Muito Má' e a mesma percentagem optou por 'Mais ou Menos'.

Programas

Apesar de 78,9% das crianças do 1.º ano afirmar ver desenhos animados sempre que possível, 64,7% referiu programas de acção real como os seus favoritos, uma categoria onde se incluem as telenovelas e as séries familiares. Destacaram-se as produções nacionais, como a telenovela *Saber Amar*, a série *Ana e os Sete* (181), a série juvenil *Uma Aventura* (182) (mencionada pelas crianças do 4.º ano) e *A Minha Família é uma Animação* (183), vulgarmente designada por 'Neco', o nome da personagem principal (referida pelas crianças do primeiro ano). As meninas apresentam-se como as grandes fãs das telenovelas, enquanto os meninos se inclinam para as séries de acção juvenis (25%) e para a animação japonesa (30%).

Nos questionários do 4.º ano incluíram-se questões abertas, pedindo, por exemplo, para explicar os motivos

---

(181) Com um enredo semelhante ao do filme *Música no Coração*, mas cuja acção decorre no seio de uma família portuguesa cuja tutora actua à noite num bar de *striptease*.

(182) Inspirada na colecção de livros de mistério juvenis de Ana Maria Magalhães e Isabel Alçada.

(183) Uma série sobre o dia-a-dia de uma família onde uma das crianças é um desenho animado.

da escolha de um programa como o favorito. As respostas obtidas foram variadas, produzindo 11 categorias, sendo a mais frequente 'É divertido'; com valores semelhantes 'Ganham sempre', 'Apanham os maus', 'Comoventes', 'Personagens engraçadas', 'Apropriado para a nossa idade', 'Gosto pela vida selvagem' e 'Boa música'.

'Neco' apareceu como o 'desenho animado' preferido (30% das crianças referiram esta série); seguido pelas séries de animação japonesa *BeyBlade*, *Digimon*, *Yo-Gi-Ho* e *Ninja Atori* – com uma fórmula semelhante à de *Pokemon*, onde a violência é transferida para um objecto mágico que a personagem principal tem que dominar. Nestes programas as personagens principais são do sexo masculino e foram categorizadas como 'Jovens heróis *anime*', por oposição às séries de animação japonesa protagonizadas pelo sexo feminino. As outras categorias emergentes na lista dos favoritos das crianças foram 'Fuga e Perseguição' (como *Tom & Jerry*); 'Aventura' (*Simsala Grimm* e *Max*); 'Quotidiano infantil' (*Artur*); 'Clássicos Disney' (*Dumbo*, *Mickey*); 'Humor' (*Garfield*) e 'Futebol' (*Super Campeões*).

Quanto ao motivo da preferência por um desenho animado específico a resposta mais comum foi 'É divertido/engraçado'; as outras categorias incluíram 'Aventura', 'Apreciação da personagem principal', 'Acontece na vida real', 'Envolvimento na acção', 'Desporto/futebol', 'Carácter inofensivo', 'Radical' e 'Personagens bonitas' (mencionada apenas por meninas). Ser 'sobre meninas' foi a explicação mais comum encontrada para justificar o interesse do público feminino, embora o contrário não se verifique, pois as lutas e a acção foram os elementos indicados como atractivos para um público masculino.

Tarefa II: Cria um desenho animado

Histórias

Os grupos do primeiro ano foram os primeiros a participar nesta tarefa. O grupo das meninas intitulou o seu desenho animado 'O Coelhinho da Páscoa e as crianças... e um cão', contando a história do Coelho da Páscoa que levava os ovos para as crianças mas foi assaltado por um idoso, 'um velho', antes de cumprir a sua tarefa. Com a ajuda de um cavalo, as crianças e o Coelho da Páscoa foram à procura do ladrão.

> Menina 4: Prenderam as mãos dele, pegaram nos ovos e foram embora.
>
> Menina 1: E o Coelhinho da Páscoa ficou feliz.

Esta seria a história que gostariam de criar para si. Como enredo para um desenho animado destinado aos rapazes, sugeriram a história de um menino, com irmãs, que estava a aprender a jogar futebol num estádio da cidade do Porto. Um dia saiu do campo para ir aos balneários e, quando voltou, a bola tinha rebentado. Felizmente,

> Menina 3: Ele tinha a bola do irmão e as irmãs deram-na a ele.

O grupo de meninos, tendo planeado previamente uma história para rapazes, mostrou-se renitente em trabalhar numa história para um público feminino. Eventualmente sugeriram 'A flor encantada', uma história sobre uma menina que vive na floresta e que encontra uma flor encantada que colhe, planta num vaso e trata. Também existiria uma bruxa malvada, mas a sua ligação com a menina não foi esclarecida pelo grupo que, depois de sugerir a personagem, terminou a história:

> Menino 3: É assim... A Bruxa Má... Não... Estava a descascar uma maçã para ela...
> Menino 5: E depois havia uma bola, e...
> Menino 3: E depois a Bruxa comeu a maçã e morreu.

O desenho animado criado para um público de meninos foi mais elaborado, intitulando-se 'O Golfinho Dourado', um conto sobre um golfinho aprisionado na rede de um pescador. Enquanto o pescador puxa a rede, o golfinho consegue escapar rasgando-a com os seus dentes; na fuga, entra numa gruta onde encontra um cristal brilhante, parte de uma colecção de cristais poderosos dos quais os tubarões malvados se querem apoderar para dominar a Terra (ou os Mares). O grupo decidiu que a sua história seria uma série sobre a luta entre o golfinho e os tubarões, entre o bem e o mal.

O primeiro grupo misto contou a história de 'Tóto, o pequeno urso' que vive na floresta com o pai e a mãe e tem muitas aventuras com os seus amigos animais:

> Menino 3: Também havia amigos animais e depois os maus vinham e esperavam para os apanhar e depois faziam um buraco e punham erva para eles caírem no buraco [...] Paus verdes! Depois eles faziam o buraco e punham uma rede em cima e caíam e PUMBA!
> Menina 2: Ele brincava com os amigos dele... Às vezes ele caía nas armadilhas e às vezes tropeçava numas pedras e...
> Investigadora: Ele saía sozinho das armadilhas?
> Menina 2: Os amigos dele iam lá. Eles diziam aos pais e eles puxavam uma corda e depois atiravam para baixo e puxavam.

O segundo grupo misto criou uma história semelhante à narrativa do filme *Dumbo*: 'Dumbo e o Rato', sobre um pequeno elefante que trabalha para o circo e um dia causa um acidente envolvendo a sua mãe; a tenda do circo cai e a mãe de Dumbo é presa. Eventualmente Dumbo e o seu amigo Rato salvam-na e vivem felizes para sempre.

'A Parede Mágica' foi a proposta do grupo de meninas do 4.º ano, um desenho animado sobre um menino que encontra um tesouro dentro de uma parede mágica.

> Menina 3: É como o Aladino, que ele vai para dentro da gruta mas só que está fechada, mas a parede mágica não, está sempre aberta.
>
> Menina 5: Abre sempre.
>
> Menina 3: Ele toca em qualquer coisa... Ele toca...
>
> Menina 4: Podia ser que o menino encontra a parede e depois ele dizia a alguns colegas e eles iam lá.
>
> Menina 3: Não! É assim, a parede mágica devia ter a forma de uma mão que as pessoas tentavam mas só o menino conseguia.

Este menino é pobre e vive sozinho no campo. Durante algum tempo terá vivido com uma família adoptiva devido à morte da sua mãe, quando ele era ainda um bebé, e à partida do pai. Nesta família adoptiva existiam uns rapazes maus inimigos do herói, por isso terá ido viver para dentro da parede mágica onde encontrou comida e abrigo. O melhor amigo do menino é o senhor Artur, um vizinho de 'cinquenta e poucos anos'. Os inimigos do menino acabam por se aperceber da sua solidão e oferecem-lhe amizade.

O grupo de rapazes não mostrou qualquer entusiasmo em criar uma história para meninas, preferindo falar de uma história criada para eles. O desenho animado teria um elenco de heróis, o Máscara, o Capitão Cueca, Lucky Luke, Megabot e Obélix, a viver numa ilha tropical onde brincam, dizem piadas e se divertem juntos defendendo a ilha de possíveis intrusos.

Ao grupo misto do 4.º ano foi pedida uma história para crianças estrangeiras. Basearam a narrativa na série juvenil *Uma Aventura,* mas, durante a discussão, a história transformou-se e os heróis passaram a enfrentar 'monstros horríveis' que perseguem e matam, algo que não acontece na série televisiva. O segundo grupo misto contou a história de dois irmãos e da sua família pobre numa vila algures no monte. Os irmãos teriam aventuras na floresta, às vezes perdendo-se, mas contando sempre com a ajuda dos seus amigos animais. A resolução da história envolve a morte dos pais e as crianças recebem uma herança mudando-se para outro país e para uma vila mais civilizada.

> Menino 2: Dos pais. Os pais morriam e eles tinham algum dinheiro e davam-no às crianças.
> Investigadora: Ficavam na mesma casa?
> Menina 1: Sim.
> Menino 2: Compravam uma casa nova.
> Menina 1: Uma casa nova.
> Menino 2: Ou qualquer coisa assim.
> Menina 1: Noutro país.
> Menino 1: Mais roupas... Roupas, comida... No fim ficavam ricos.
> Menina 2: Tinham-se desenvolvido...
> Menino 1: Mais civilização.
> Menina 2: Com pessoas, mais casas.
> Menino 2: Era uma vila grande, era uma cidade.
> Menina 2: Mais estradas.
> Menino 1: Mais rica.

O último grupo misto criou 'A Quinta Orc', uma quinta em França onde a principal personagem, chamada Pinóquio, vive com os avós. O rapaz teria aventuras com tigres, com o boi da quinta e com outros animais que seriam os seus únicos amigos. Pinóquio tomaria conta dos animais enquanto os avós trabalham os campos; às vezes os vizinhos, quando Pinóquio estivesse distraído, roubariam ovos das galinhas da quinta. A história termina com o regresso dos pais do herói com quem este viverá feliz.

Identidades sociais construídas

As crianças usaram o género sexual para apresentar as suas identidades sociais. Com a excepção das meninas do 4.º ano, os grupos do mesmo sexo reagiram fortemente contra a ideia de criar uma história para o sexo oposto. As meninas do 1.º ano, por exemplo, reagiram com expressões de repugnância e desânimo ao pedido para criar um desenho animado para um público de rapazes:

> Menina 3: 'Blháque'!
> Menina 4: Podias ter pedido para fazermos um desenho animado para meninas.

O entusiasmo original rapidamente se dissipou e o grupo tentou evitar a tarefa concentrando a sua atenção no quadro onde se distinguiam frases mal apagadas da aula da manhã. Só recuperaram o entusiasmo quando lhes foi proposto falarem sobre uma história para elas. 'O Coelhinha da Páscoa e as crianças... e um cão' não apresenta fortes elementos de feminilidade. De facto, a principal personagem é masculina e o grupo nunca especificou o sexo das crianças na história. A reacção negativa do grupo representa um esforço de distanciamento em relação a qualquer coisa da qual os rapazes possam gostar. A segunda história, contudo, é mais reveladora do carácter construído da identidade feminina. Sendo-lhes novamente pedido para criarem um desenho animado para rapazes, mencionaram de imediato o futebol.

> Menina 1: Futebol!
> Investigadora: Quem seria a personagem principal?
> Menina 2: Futebol.
> Menina 5: *BeyBlade*.
> Menina 4: Futebol.
> Menina 3: Ó! Futebol é melhor!
> Investigadora: A personagem principal é menino ou menina?
> Menina 4: Rapaz.
> Menina 1: Rapaz.
> Menina 4: E ele tinha umas irmãs. Eu vi no [Canal] *Panda* mas era em espanhol.

Apesar de se distanciarem da cultura masculina, acabam por demonstrar um grande interesse pelo futebol, revelando conhecimentos sobre o desporto e preferências clubísticas.

> Investigadora: Onde é que se passa a história?
> Menina 5: No Porto.
> Menina 2: No Porto!
> Investigadora: E quem são as personagens?
> Menina 1: É o Benfica contra o Porto.
> Menina 3: Ei!
> Menina 5: O Porto ganha! O Porto ganha!
> Menina 3: Então é o Porto contra o Benfica, pronto.
> Menina 5: Uhm... Então é com a minha equipa... Contra a minha equipa!

As meninas, nos grupos mistos do 4.º ano, também abordaram o assunto após a questão sobre a localização da história:

> Menino 2: Eles viviam em Lisboa.
> Investigadora: Estariam em Lisboa?
> Menina 1: Não!
> Menina 2: Não...
> Menina 1: No Porto. Aí, no Porto, e eles eram mesmo do Porto.
> Menina 2: Não, alguns eram do Sporting.
> Menina 1: Não, do Porto.

Como se discutirá mais à frente, falar de futebol levanta questões relacionadas com a identidade cultural. Nesta ocasião, é um acto performativo das meninas no sentido de afirmar que o futebol não é uma actividade apenas para rapazes. Em nenhum outro grupo os meninos mencionaram este desporto, não tendo neste grupo, em particular, tomado parte da discussão, mantendo a distância entre conversas masculinas e femininas e evitando, também, o confronto directo com a Menina 1 que emergiu como líder do grupo. Os rapazes poderão não ter necessidade de falar sobre futebol para reforçar a sua identidade, já que é uma área tradicionalmente masculina. As meninas, pelo contrário, poderão sentir a necessidade de se afirmar enquanto adeptas e conhecedoras deste desporto tão popular. A Menina 2, ao desafiar as preferências clubistas da Menina 1, está, também, a tentar afirmar a sua identidade, já que, ao longo do exercício, a Menina 1 se colocou ao lado dos discursos dos meninos, tendo mesmo sido referida pelo grupo só de rapazes como a rapariga que gostaria da história deles. A Menina 2 oscilou entre manter-se a par da Menina 1 e reagir aos seus comentários:

Investigadora: Como seriam as personagens?
Menina 1: Os heróis eram, assim, todos '*dread*'. Assim...
Menina 2: Com o cabelo espetado, cheio de gel [risos]. Assim, com aquelas correntes que seguram aqui, assim, com pulseiras. E brincos nas orelhas e depois na língua.
Investigadora: E as meninas?
Menina 2: As meninas, assim, como bonequinhas.
Menina 1: Não! Não era nada!
Menina 2: Podia ser!
Menina 1: Não [risos] Tatuagens e sapatos e chapéus! [risos]
Menina 2: Saltos altos!
Menina 1: Não!

No final, as construções de feminilidade das duas meninas colidiram. Apesar de concordarem com o visual das personagens masculinas, confrontaram-se relativamente à aparência das personagens femininas. As suas construções do feminino eram, obviamente, distintas. A Menina 1 reagiu fortemente à sugestão de uma heroína em saltos altos, distanciando-se das noções estereotipadas de feminilidade e apresentando gostos aspiracionais que lhe permitam a identificação com um grupo etário mais velho e com maior liberdade para afirmar o seu estilo. Esta discussão entre as duas meninas lembra que as diferenças de gostos entre sexos são complexas e que os gostos variam entre crianças do mesmo género e idade.

O grupo de meninos do 4.º ano comentou sobre o tipo de histórias que poderia ser apropriado para o sexo oposto, tentando distinguir-se dos gostos das meninas. Começaram por dizer que as meninas não apreciariam a sua história, preferindo a *Cinderella*, *Branca de Neve*, *Barbie e o Quebra Nozes*. Quando questionados sobre se eles gostavam desses desenhos animados, responderam negativamente e que nunca os tinham visto, apesar de os identificarem e nomearem como produtos femininos.

> Investigadora: Vocês gostam desses desenhos animados?
> Menino 1: Não!
> Menino 3: E também nunca os vimos.
> Investigadora: Nunca viram?
> Menino 1: Quando a minha irmã está a ver e eu não tenho mais nada para fazer...
> Investigadora: Qual é o vosso filme de animação preferido?
> Menino 4: Aquele... *Toy Story*.
> Menino 1: O... Não... *A Idade do Gelo*.
> Menino 2: *Toy Story, Mulan*.

Mulan é um filme da *Disney* onde a personagem principal é uma jovem da China Imperial que decide vestir-se de homem para ser recrutada pelo exército e honrar a sua família. O facto de uma jovem ser a heroína não colocou obstáculos à escolha do Menino 2; as características da personagem, longe dos estereótipos de feminilidade, não ameaçaram a identidade de sexo desta criança. Paralelamente, consideraram que só uma rapariga fora do comum gostaria da história por eles construída. No final da tarefa retomou-se a questão das preferências das meninas:

> Menino 3: Eu acho que elas iam achar engraçado [o desenho animado criado pelo grupo]. Elas não têm que gostar sempre de desenhos animados para meninas, elas podem gostar de desenhos animados para rapazes assim como gostam de desenhos animados para raparigas.

O que este menino não mencionou, claro, é que o oposto também poderia suceder, ainda que os rapazes pareçam saber bastante das séries identificadas como femininas. Também as meninas do primeiro ano subverteram a identidade masculina, sugerindo criar uma 'história de amor' para rapazes:

> Menina 5: Ah! Um filme de amor!
> Investigadora: Um filme de amor para meninos?
> Todas: Sim! [risos]
> Investigadora: Eles gostam?
> Menina 4: Gostam…
> Investigadora: Mas eles dizem que não gostam.
> Menina 5: Uhm-uhm… Mas eles gostam!
> Investigadora: Gostam?
> Todas: Sim.
> Investigadora: Eles falam disso?

Nesta altura, a Menina 5 tentou desenvolver o assunto fazendo menção às conversas sobre romances que ocorrem entre ambos os sexos, mas foi interrompida por uma das colegas: 'Ó rapariga! Não digas nada!'. Continuaram a falar sobre as coscuvilhices dos rapazes e sobre os seus irmãos mais velhos gostarem de raparigas. Se, inicialmente, os discursos se mantiveram conformes às representações estereotipadas dos géneros, para o final surgiram referências a elementos como o filme de terror. Ao falarem sobre os sons que usariam no seu desenho animado, a Menina 3 iniciou uma outra história, referindo-se entusiasticamente a sons fantasmagóricos; a Menina 1, mais timidamente, acrescentou 'Sons de aranhas' e a Menina 3 exclamou: 'Era um filme de terror!'.

As construções de feminilidade apresentadas pelo grupo masculino do primeiro ano foram mais conformes ao estereótipo generalizado do 'mundo cor-de-rosa': mencionaram elementos como 'encantado', 'flor', 'sereia', 'meninas a cuidar de flores' e uma 'bruxa má que vive na floresta'. As adaptações são explícitas, a sereia substitui o golfinho, a flor encantada substitui o cristal mágico, a floresta substitui o mar e a bruxa malvada toma o lugar dos tubarões vilões. O tema 'mar' está, também, presente na história do grupo de rapazes do 4.º ano, que colocou os heróis numa ilha tropical atacada esporadicamente por piratas.

Os grupos masculinos preferiram acção e aventura no centro das suas narrativas, enquanto as histórias das meninas se caracterizaram pelo seu carácter pró-social (um coelho a brincar e a dar ovos às crianças; irmãos que ajudam na recuperação da bola; questões de solidão, amizade e orfandade misturadas com magia). Quanto ao sexo da personagem principal, os rapazes optaram pela diferenciação dependendo do público-alvo; as meninas, pelo contrário, preferiram as personagens masculinas até para histórias planeadas para um público feminino, o que poderá resultar da sua familiaridade com personagens masculinas nos papéis principais.

Em termos de idade distinguiu-se a preferência dos mais novos por personagens antropomórficas, enquanto as crianças mais velhas optaram por personagens 'humanas', crianças entre os nove e os dez anos (as mesmas idades que elas próprias). Este facto é indicativo da mudança de preferências das crianças mais velhas em direcção a géneros televisivos e histórias mais realistas, com maior modalidade.

Identidade cultural portuguesa

As histórias revelaram-se ricas em significantes de especificidade cultural, referências multiculturais e intertextualidade. As crianças falaram das personagens Disney, colocando-as em cenários imaginários com referências ao contexto nacional, como a desertificação do interior do país e a diáspora portuguesa. Usaram referências próprias do contexto geográfico de residência (Aveiro, uma cidade costeira), como as alusões ao mar, um significante também fortemente presente na história e cultura portuguesas.

O tema da criança solitária residente no interior agrícola remoto foi recorrente nas narrativas. Pouco tempo antes de as tarefas se realizarem para esta investigação, a história de um menino que era uma das duas únicas crianças de uma aldeia, com o sonho de ir a Lisboa ver o seu clube jogar, teve cobertura extensiva, assim como a concretização desse desejo. Tal poderá ter influenciado as opções dos grupos. Por outro lado, a história da diáspora portuguesa conta casos de pais emigrantes obrigados a deixar as crianças até conseguirem uma situação estável para a família (algumas destas crianças podem ter conhecimento de experiências semelhantes).

Nas histórias, as crianças apresentam um interior rural distante onde a vida é árdua e as crianças têm que lutar para sobreviver. É um lugar onde a fantasia, expressa por paredes mágicas e animais falantes, pode mesmo acontecer ao contrário do que sucede nos espaços urbanos. Hodge e Tripp (*op. cit.*) salientaram a importância da distância, de um lugar remoto na animação para crianças, sugerindo que a distância da sua realidade permite às crianças manterem-se seguras e protegidas em relação a acontecimentos mais assustadores. Numa das narrativas do 4.º ano, o final da história coincidiu com o alcançar da melhoria das condições de vida, a 'civilização' simbolizou o fim da fantasia. O interior rural remoto surge como um local ideal para as crianças, lembrando a função dos contos tradicionais no desenvolvimento psicológico da criança sugerida por Bettelheim ([184]). O tema da criança órfã (ou só) é comum aos contos tradicionais e às séries *anime* exibidas pela televisão portuguesa.

O grupo de meninas do 4.º ano estendeu as influências da *anime* ao estilo do desenho animado por elas criado:

> Investigadora: Que música escolhiam para a vossa série?
> Menina 5: Quando ele está sozinho na rua e quando ele a encontra [à parede mágica] qualquer coisa assim [exemplifica uma música de *suspense*]
> Menina 4 e Menina 3: Sim.
> Menina 5: E depois eles passavam para o outro lado, outra mais surpresa... E depois ele está em casa com os amigos e era uma mais feliz!
> Menina 3: Uhm... E quando ele vai dar um passeio uma triste... Entretanto os pais podem morrer, à fome... assim um som muito triste... Muito sufocado.
> Menina 5: Muito leve...
> Investigadora: De acordo com as emoções?
> Grupo: Sim!

A sua percepção dos códigos da animação com influências do estilo japonês revelou-se, ainda, na escolha dos cenários. As mudanças de cor propostas enfatizam as emoções das personagens indicando o seu estado de espírito ou salientando o dramatismo da cena, estratégias utilizadas pelas séries *anime*:

> Menina 4: Verde, uma luz verde.
> Menina 5: E azul.
> Menina 3: E, quer dizer, quando ele estava triste, assim, cores escuras.

([184]) Bettelheim, B., 1976, 1991. *The uses of Enchantment, the meaning and importance of Fairy Tales*, Harmondsworth: Penguin Books.

Menina 1: Sim.

Menina 3: E dentro as paredes podiam ter, assim, as cores que disseste, normais quando estava feliz, mas quando estava triste as cores

Menina 2: Começava a chover!

Menina 3: Pois, ou as paredes ficavam mais escuras, muito escuras...

Menina 5: Ou, depois, por exemplo, o céu ficava mais escuro.

Menina 3: Quando ele estava dentro da parede, uhm...

Menina 1: Dentro da parede mágica...

Menina 3: Quando ele estava lá a viver as cores ficavam, assim...

Menina 1: Mais alegres!

Menina 4: Alegres.

Menina 3: Mais alegres, tudo...

Menina 4: Alegres.

Menina 3: Tudo bem disposto! Eles não estavam...

Menina 1: Era como se estivesse no céu, ele...

Menina 4: Sim, com cores vivas.

As referências a desenhos animados e personagens existentes são evidência do contributo da televisão para a construção de um imaginário global através da partilha de textos, imagens e sons. Contudo, exceptuando o grupo que recontou a história de *Dumbo*, as narrativas apresentadas são exemplos de apropriações locais das referências globais – as crianças utilizaram personagens e enredos existentes como ponto de partida, transformando-os ao longo dos seus discursos, reinventando os textos. O grupo de meninos do 4.° ano, por exemplo, criou um enredo caracterizado pela intertextualidade, reunindo um elenco de personagens de diferentes programas de animação, aproveitando as características das suas personalidades e colocando-os num cenário de um conto de piratas. O grupo de meninas do 4.° ano escolheu traços do filme *Aladino* mas adaptou a história a um ambiente do interior rural do país, onde o herói não tem que lutar contra vilões ou salvar princesas.

Aos grupos mistos pediu-se para pensarem em programas para crianças portuguesas ou para crianças estrangeiras; tarefa na qual não destacaram elementos apropriados para estes públicos específicos. No entanto, durante as discussões dos grupos, emergiram algumas referências culturais, como ao futebol, um desporto central no quotidiano nacional. A língua portuguesa foi outro dos significantes emergentes, quer pela escolha da língua falada pelas personagens, quer pela escolha de músicas de origem portuguesa num país onde a música estrangeira é mais frequentemente ouvida nas diferentes estações de rádio nacionais. Note-se que as escolhas feitas relativamente às bandas sonoras não foram pensadas para integrar a narrativa, mas mostram a popularidade de certo tipo de música entre as crianças, como a música portuguesa popular (música *pimba*), ilustrada por esta discussão do grupo de rapazes do quarto ano:

> Menino1: Podíamos pôr uma do Obélix e Astérix.
> Menino 4: Não... João Cabra ou lá como é que se chama...
> Menino 5: Zé Cabra? [risos]
> Menino 4: Uma de um fadista! Lágrimas! [aproxima-se do gravador e começa a cantar]
> [risos]
> Menino 3: Deixei tudo por ela!
> Menino 4: A da Bomba!
> Menino 1: Bomba?
> Menino 4: Booooombaaaaaaaa!

O grupo de meninas do primeiro ano cantou bem alto a canção popular 'As meninas da ribeira do Sado', uma música que alcançou o topo de vendas na época, afirmando que os rapazes a cantavam constantemente.

Este tipo de música será apelativo por permitir uma fácil aprendizagem, uma vez que as letras são portuguesas e se caracterizam pela repetição, permitindo, também, a sua integração na interacção entre as crianças que as adoptam para as suas brincadeiras.

Tarefa III: Discursos críticos

Apreciação de conteúdos

O Conto das Três Irmãs que Caíram na Montanha

A identidade de sexo foi notória nos discursos sobre *O Conto das Três Irmãs que Caíram na Montanha*; as meninas gostaram de Mai, os meninos preferiram o Troll e a pequena galinha. Em relação ao estilo e narrativa, as meninas mostraram-se mais vulneráveis aos significantes de *suspense* presentes no episódio, algo revelado pela sua linguagem corporal; logo no início da exibição, algumas meninas aproximaram-se de outras dando as mãos. Os meninos, pelo contrário, não demonstraram medo ou ansiedade, chegando mesmo a rir de algumas cenas.

As meninas do Grupo A admitiram que os efeitos visuais e sonoros presentes no início do episódio as assustaram:

> Menina 3: Eu gostei, muito giro, mas eu estava um bocadinho assustada...
>
> Menina 2: Eu também.
>
> Menina 3: Mas depois teve um fim feliz.
>
> Menina 1: Eu achei o filme giro. No princípio estava com um bocadinho de medo, achei a música um bocadinho assustadora...

Investigadora: Acharam o desenho animado divertido, assustador ou aborrecido?
Menina 3: Assustador.
Menina 2: Assustador.
Menina 3: Os sons das árvores e começar a ver o monstro no caminho e depois começar a andar… E elas caíam e o monstro transformava-as em pedra…

O único rapaz do grupo disse não se ter assustado com o Troll e garantiu que os outros rapazes pensariam o mesmo, mas foi o primeiro a admitir que o desenho animado seria apropriado para crianças mais velhas 'até ao 4.º ano', sugerindo algum desconforto em relação ao conteúdo. Neste grupo todos concordaram com a necessidade de um melhor destino para o Troll:

Menino: Eu gostei mais… da parte… do monstro.
Investigadora: Gostaste do monstro? Achaste que era simpático?
Menino: Achei.
Investigadora: E vocês?
Menina 3: Eu tive um bocadinho de medo.
Menina 2: Mas quando vi que se transformou em pedra tive pena dele, coitado.
Investigadora: Tiveste pena? Porquê?
Menina 3: Porque ele foi mau para as meninas, transformou-as em pedra mas depois elas salvaram-se e não era preciso ele transformar-se em pedra. Ele podia ajudá-las como elas não tinham ninguém ele podia ser o pai.
Menina 1: Ou, depois ele podia ser o namorado da menina que queria…
Investigadora: Querias que fossem namorados?
Menina 1: Sim, porque ele lhe pediu e…
Menina 2: E ele podia tomar conta da mãe e da galinha até a mãe ficar boa.
Menino: E ela também ficava.
Menina 3: E ele como ele queria pedir e ele ficou todo contente por ela querer a sua namorada… Eu pensava que era assim.

O esforço dos criativos para apelar aos públicos feminino e masculino, tornando o Troll numa personagem menos ameaçadora, originou alguma desilusão nas crianças mais velhas, aptas a compreender a complexidade psicológica da personagem. Estas crianças gostariam que o Troll tivesse um final feliz e não entenderam por que motivo sofreu um destino tão dramático se, afinal, ajudou Mai. As crianças nos grupos do 2.º ano não demonstraram a mesma simpatia e ficaram satisfeitas com o final da história, revelando-se mais ansiosas durante a exibição por não preverem que a Mai escaparia ao Troll.

> Menina 3: Só quando o monstro apareceu e a quis levar.
> Investigadora: Ficaste assustada com o Troll?
> Menina 2: Eu estava a chorar.
> Investigadora: Porquê?
> Menina 3: Porque tive pena das meninas.
> Menina 4: Por causa do monstro, quando ele atirou a pedra foi quando eu fiquei assustada porque pensei que a galinha e a menina iam morrer.

Para as meninas do grupo A, a Mai poderia ter ficado com o Troll pois este mostrou-se generoso, uma característica que se sobrepôs ao aspecto físico distinto e à aparente diferença de idades indicada pelo gigantismo do Troll; a vulnerabilidade transmitida pelos medos das personagens e por se ter deixado enganar infantilizaram-no e tornaram-no mais próximo do público. Apesar do baixo nível de modalidade do desenho animado, a história parece ter sido entendida, pelo grupo, como algo passível de suceder na vida real:

> Investigadora: Acham que esta história podia acontecer na vida real?
> Menino: Uhm...

> Menina 2: Sim.
> Menina 3: Em vez de ter um monstro eu acho que podia ter acontecido, assim com um rapaz. Ele não as transformava em pedra, fazia outra coisa.
> Menina 2: Pois.
> Menina 1: Para mim não. Podia ser assim, como está, mas eu queria que ele acabasse bem.

Os *trolls* não são figuras características do folclore português e o facto de as crianças se referirem ao 'monstro' indica a pouca familiaridade com estas personagens imaginárias. As crianças não consideraram o Troll uma personagem malévola, algo que poderia ter sido diferente no caso das crianças norueguesas, e talvez por isso tenham havido sentimentos contraditórias em relação ao seu destino trágico.

O grupo C avaliou a modalidade do desenho animado de outra forma:

> Menino 3: Por um lado, eu acho que não, não há monstros, mas quando as meninas se transformaram em pedra e sobreviveram isso podia ter sido uma história verdadeira.
> Menino 1: Eu acho que não. Quer dizer, podia, mas estas histórias são do antigamente, de há muitos anos, do tempo em que havia monstros.
> Menina: É uma história com imaginação! Eu acho que não podia ter acontecido.
> Menino 2: É o que eu acho.

A realidade mediu-se pela narrativa. O Menino 3 avaliou a credibilidade da história comparando-a com outras narrativas onde os finais felizes são a norma e, tal como os grupos da Tarefa II, colocaram a fantasia no interior rural distante, o Menino 1 sugeriu que os acontecimentos fantásticos seriam a norma do 'antigamente'. A distância no tempo foi também mencionada pelo

Grupo E, formado por crianças do 2.º ano, quando questionados sobre como teria sido feito o desenho animado:

> Menina 3: Uhm... Eles aparecem na televisão... Mas eu não sei como é que eles aparecem na televisão.
> Investigadora: Alguém sabe?
> Menina 5: Parece que foi há muito tempo! Eu acho que foi antigamente... Que eles os fizeram.

Ao debater a forma como o Troll teria usado pós mágicos para transformar as meninas e a galinha em pedra, gerou-se uma discussão interessante sobre as possibilidades de fantasia dos desenhos animados:

> Menina 3: Depois ele partiu o pescoço da galinha e pôs um pó mágico.
> Investigadora: Sim e ela voltou à vida.
> Menina 1: Mas as galinhas não voam! [no final a galinha voa para ajudar Mai a fugir]
> Investigadora: Não. Porque é que esta voava?
> Menina 1: Porque são desenhos animados.

Os Grupos B e C estabeleceram uma comparação com a história O *Capuchinho Vermelho*. Uma das meninas no Grupo B demonstrou o seu conhecimento das funções de vilão e de heroína, estabelecendo comparações entre as duas histórias:

> Menina 1: Nós conhecemos... Nós conhecemos 'O Capuchinho Vermelho' mas não tem duas irmãs, só uma menina.
> Investigadora: E acham que a história é parecida.
> Menina 1: Eu acho, em vez de um monstro um lobo.

O Grupo B avaliou as personagens de acordo com a sua influência na narrativa. Os meninos gostaram do

Troll, porque 'Ele transformou em pedra e quando ele pediu à menina para ser a sua namorada [cena que o Menino 2 considerou cómica] ...', e da pequena galinha, 'Porque ela ajudou com a corda' (M2). Também a Menina 2 gostou de Mai pelo seu papel activo, 'Porque ela conseguiu fugir, ela foi muito esperta e conseguiu fugir'. No entanto, não mostraram a mesma simpatia pelo Troll que o Grupo A revelou e não simpatizaram com a Mãe (personagem cujo papel foi ignorado pelos grupos):

> Investigadora: E de que personagem gostaram menos?
> Menino 2: Para mim foi aquela que ficou em casa, a que estava doente.
> Investigadora: A mãe?
> Menina 2: Pois, a mãe. Ela não fez quase nada.

As crianças no Grupo A compararam o estilo de animação com o do filme *A Fuga das Galinhas,* revelando algum conhecimento sobre diferentes técnicas de animação, com a excepção da Menina 1 que pareceu admirada com a sugestão de que as personagens seriam marionetas – 'Então... Eu pensei que era mesmo realidade porque eles começavam a andar e nunca paravam...' – uma dúvida que, entre outros exemplos já indicados, ilustra a diversidade destes públicos geralmente vistos como homogéneos. As interpretações proporcionadas pelos grupos quanto ao tipo de animação e contexto de produção poderão não estar tecnicamente correctas, mas revelam a sua capacidade de questionar, pensar e produzir teorias sobre os conteúdos da televisão, um facto que realça a importância do acompanhamento dos adultos e o seu esforço para conhecer os hábitos das crianças e tornar o acto de ver televisão num acto social. No final da entrevista, as crianças do Grupo B quiseram continuar a debater e colocar questões sobre alguns pormenores:

Menina 2: Eu queria fazer uma pergunta. O que aconteceu quando ficou outra vez de noite?
Investigadora: A ele? Ele ficou transformado em pedra para sempre.
Menina 2: Agora era ele que estava transformado em pedra.
Investigadora: Ele disse que não podia sair durante o dia porque a luz do Sol o transformaria em pedra.
Menina 4: Parece sempre, não é?
Menina 2: Então, quando o Sol vinha ele foi para casa!

A Maravilhosa Expedição às Ilhas Encantadas

O Grupo A atribuiu quatro estrelas a este episódio após atribuir cinco ao conto norueguês.

Menina 3: Eu dava-lhe quatro porque é muito pequeno.
Menino: Eu não, Eu dou cinco, cinco.
Menina 2: Eu também [quatro] porque eu não entendi lá muito bem.
Menino: Porque é engraçado. Só porque é pequeno não tem nada a ver. O que interessa é que é engraçado e bem feito.
Menina 2: Eu também dei cinco ao outro porque era maior e pareceu mais interessante, na minha opinião.
Menina 1: Eu dou quatro a este, também está muito bem feito.
Investigadora: E gostaram dos bonecos?
Vários: Sim.
Menina 3: Mas eu acho que estes não têm muitos movimentos, eles são, assim, um bocado presos.
Investigadora: Nos movimentos?

Menino: Sim, mas...
Menina 2: São muito parados.
Menina 1: Eu achava que era... Com os tubarões à volta deles, eu pensava que eles vinham com uns paus e batiam-lhes na cabeça.

O esforço crítico do grupo revelou-se no discurso das crianças, utilizando expressões como 'bem feito', na avaliação da qualidade da animação pelo ritmo e movimento das personagens e na utilização de referências a estilos existentes. As crianças esperavam um ritmo mais rápido ou a utilização de elementos cómicos associados a actos de violência moderada, elementos encontrados comummente nos programas televisivos de animação a que assistem. Críticas semelhantes surgiram no Grupo B:

Menina 1: Eu achei a história um bocado pequena.
Menino 2: Porque... Este era, assim, um bocado pobre... Sempre no barco...

O carácter distinto da série e a estranheza causada nas crianças alerta para a necessidade de variedade na programação televisiva para a infância; a repetição de fórmulas e estilos de animação não contribui para a literacia televisiva das crianças, limitando os seus quadros de referência. As críticas aos aspectos audiovisuais invulgares estiveram, também, presente nos discursos do Grupo A, que pediu para ver o episódio uma segunda vez:

Investigadora: Não entenderam o desenho animado muito bem na primeira vez que o viram?
Menina 1: Não.
Menina 3: Não.
Investigadora: Porquê?
Menina 3: Podias ouvir o som do mar e depois ficavas confusa com as personagens.
Menina 2: Com as conversas.

> Menina 3: Eu preferi o outro.
> Menina 1: Eu também.
> [...]
> Menina 2: Por causa do barulho das... / Menina 3: Do mar, do rio...
> Menina 2: E depois confundias com as pessoas.
> Menina 3:Não deixava a história brilhar.

Apenas as meninas do Grupo E preferiram este desenho animado:

> Menina 5: Este era mais bonito que o outro.
> Investigadora: Preferiram este?
> Menina 5: Sim, era mais original.
> Menina 4: O outro era muito... Assim...
> Menina 5: Era muito...
> Menina 4: Parecia muito escuro, o ambiente.

Relativamente às personagens, foram os animais e as personagens antropomórficas que mais cativaram as crianças, mesmo se algumas surgiram apenas por instantes, como os cangurus saltitantes, o dragão cor-de-rosa ou a sereia do genérico de abertura. O potencial assustador foi a justificação para não gostar de uma personagem, como comenta o grupo de meninas do segundo ano:

> Menina 1: Para mim foi aquele tubarão. Eles estavam em perigo e depois ele ficou assustado.
> Menina 3: Eu não gostei daquele... que dizia umas palavras estranhas.
> Menina 2: Aquele preto.
> Investigadora: Não gostaste dele? Porquê?
> Menina 3: Uhm...
> Menina 2: Porque... Eu tive medo.

Especificidade Cultural

Menina 4: Sim, em Inglaterra podia ter acontecido...
Menina 1: Porque há piratas.
Menina 4: Há piratas na Inglaterra? Uhm... Na Austrália há piratas?
Investigadora: E o primeiro?
Some: Sim.
Menina 3: Quando acontece em casa, acontece o mesmo na televisão, às vezes...
Menina 1: É um sonho.
Menina 5: Havia dinossauros por isso também podia haver monstros!

Assim reagiu outro grupo do 2.º ano à questão sobre a possibilidade de a história acontecer na realidade, revelando, mais uma vez, a importância da distância, temporal e espacial, na avaliação da plausibilidade e segurança do fantástico. A discussão é, também, indicadora da distância entre as construções da infância pelos criativos e as leituras dos textos por parte das crianças.

Ambos os programas utilizados nesta tarefa foram caracterizados como culturalmente específicos e significantes pelos criativos, algo que, na opinião destes, ajudará as crianças a preservar o seu sentido de identidade cultural e a entender culturas diferentes. Contudo, as crianças não identificaram os significantes de cultura em conformidade com o sentido pretendido codificado nas referências seleccionadas pelos criativos, apresentando as suas próprias teorias sobre a localização e o contexto dos desenhos animados

Investigadora: Em que país aconteceram as histórias?
Menina 3: Eu ouvi na Noruega.

Investigadora: Na Noruega. Onde acham que o desenho animado foi feito?
Menina 2: Uhm... Na Noruega...
Investigadora: Na Noruega?
Menina 3: Eu não sei...
Menina 2: Eu também não.
Menino: Ou então em Portugal.
Menina 1: Em Portugal? Porquê?
Menino: Porque eles falam português.
Menina 3: Ou pode ter sido noutro país qualquer e eles podiam pôr a língua.

Neste extracto transparece a percepção do carácter global dos programas de animação e das possibilidades de adaptação em diferentes países. Outros grupos consideraram a língua portuguesa como um indicador do local de produção; o Grupo D desenvolveu, ainda, a sua própria teoria sobre a centralidade de Lisboa:

Menina 2: Eu acho que foi em Lisboa...
Investigadora: Porquê?
Menina 1: Lisboa é a capital de Portugal!
Menina 4: Uhm-uhm.
Menina 2: Porque lá, em Lisboa, há desenhos animados e coisas divertidas.
Menina 4: É lá que a televisão aparece.

O grupo não demonstrou interesse pela especificidade cultural do conto norueguês, não prestando atenção ao local onde a história se desenrolou e evitando elaborar discursos sobre o tema. Noutro capítulo, referiu-se a importância do contexto no processo de comunicação e o seu impacto no acto de descodificação das mensagens. Esse facto, poderá ter sido fulcral na avaliação feita pelas crianças, uma vez que o episódio foi mostrado isoladamente e não como parte de uma colecção de contos sobre vários países. Não obstante, as crianças revelaram a sua consciência da especificidade cultural no discurso sobre Portugal e sobre a centralidade de Lisboa, onde o que é importante, como a televisão, 'e divertido', nas palavras das crianças, acontece.

No Grupo D, encontrava-se a única criança pertencente a uma minoria étnica, uma menina que levantou outras questões relativas à identidade cultural. Das entrevistas com os criativos, conclui-se que estes interpretaram identidade cultural como uma herança e história comuns dentro de um espaço geográfico limitado, algo definido pela semelhança e não pela diferença. A Menina 2 nasceu em Angola, os pais emigraram para Portugal quando ela era bebé; mais do que uma vez pediu para falar no seu programa e televisão favorito, a que chamou 'Manuela', uma personagem de origem angolana, tendo indicado o aborígene do episódio *A Maravilhosa Expedição às Ilhas Encantadas* como a sua personagem preferida, 'Eu gostei daquele preto, com aquela coisa do uha-uhm'.

A maior parte das crianças não reconheceu as referências à cultura portuguesa no programa de origem nacional, não estando confiantes sobre o país onde a história se passa ou onde o desenho animado terá sido produzido. Alguns grupos salientaram os cangurus como significantes de local, mas nem sempre identificaram a Austrália como o país onde estes são comuns. As descodificações das mensagens foram algo confusas; uma das meninas do Grupo B reparou na bandeira do navio:

> Menina 2: Eu vi lá uma bandeira, parecia chinesa...
>
> Investigadora: Então achas que o desenho é chinês por causa da bandeira?
>
> Menina 2: Parece que sim, no barco havia uma bandeira que parecia a da China.

No Grupo C surgiram várias sugestões sobre a localização da história até concordar que se teria desenrolado nas ilhas portuguesas:

> Menino 1: Nas ilhas.
> Menina: Em Portugal.
> Menino 2: Num barco.
> Menino 3: Num barco no oceano.
> Menino 1: Na Noruega.
> Menino 2: Numa ilha qualquer.
> Menina: Então, na Madeira.
> Menino 2: Madeira! Madeira ou Açores!
> Menino 3: Açores... Eu acho que é os Açores tem mais ilhas do que a Madeira.
> Investigadora: A que terra eles chegaram?
> Menina: A uma ilha.
> Menino 3: A uma ilha encantada.
> Menino 1: Eu sei. Qual é o nome daquela terra que tem os...
> Menino 3: O quê?
> Menino 1: Índios, uma terra de índios. Eles estavam lá nas ilhas, eles estavam despidos, não estavam vestidos.
> Menino 3: Ah! Pois, na Madeira. Na Madeira também é muito quente.

Apenas a Menina 1 do Grupo A mencionou a época dos Descobrimentos, considerando, também, que o desenho animado teria sido produzido em Lisboa, porque ouviu uma das personagens falar da cidade. As outras meninas no grupo discordaram e insistiram que o desenho animado seria estrangeiro, embora não conseguissem exprimir a razão: 'Porque... Eu não sei... Por causa das cores...' (Menina 2, Grupo A). A Menina 1 resumiu o principal obstáculo à compreensão e identificação com a série, comentando, sobre as idades do público-alvo do programa:

> Menina 1: Pois, porque os Descobrimentos... Nós aprendemos um bocadito com a Carmo [educadora de infância] mas nós não aprendemos tudo. Eu acho que [crianças] mais velhas, que estão no 10.° ano como... Algumas pessoas gostam de ouvir falar dos Descobrimentos.

Síntese

No início deste livro falou-se sobre o conceito 'agência da criança' e da forma como a sua definição condiciona as abordagens teóricas e metodológicas à infância e à acção da criança. O novo paradigma da infância, referido por James *et al.* (*op. cit.*), vê as crianças como actores sociais cujas acções estão intimamente ligadas às circunstâncias sociais de existência, moldando e sendo moldadas pelos contextos. O conceito 'agência da criança' reforça o modelo de comunicação de massas proposto por Hall, enquanto ferramenta para o estudo das crianças como público de televisão, equacionando o papel desempenhado por agentes neste processo.

As análises semiótica e da narrativa anteriormente apresentadas ajudam a compreender as práticas associadas à produção e transmissão de programas televisivos e as rotinas imbuídas de saberes intuitivos sobre as necessidades e gostos dos públicos. As entrevistas com os criativos apontam para alguns destes saberes: a ideia de que os rapazes não simpatizam com heroínas; a construção do público infantil como homogéneo em termos de preferências; a percepção de que as crianças precisam da especificidade cultural de um programa e apreciam-na, independentemente do contexto cultural; e a noção de que a televisão global é pobre em estilos e conteúdos. Esta idealização dos públicos, sem um esforço de conhecimento aprofundado, pode, como revelam as tarefas com as crianças, originar falhas no processo de comunicação. As crianças que participaram neste projecto revelaram, por exemplo, uma capacidade de adaptar produtos globais, pelo recurso a referências aos seus contextos sociais e culturais. As suas leituras nem sempre surgiram em conformidade com os significantes de especificidade cultural identificados pela análise da narrativa e pela análise semiótica, lembrando a necessidade de considerar os discursos das crianças e de compreender as distâncias sociais e psicológicas entre os criativos e os seus públicos.

O trabalho com este grupo de crianças portuguesas mostra um relacionamento activo com os textos televisivos pela transformação e reinvenção em diferentes esferas de acção. Revela-se como o facto de ignorar da diversidade deste público pode resultar em falhas de comunicação, em representações erróneas e na reprodução de estereótipos sociais. As crianças foram um público criativo e crítico, cujas referências nem sempre se aproximaram das dos criativos.

Notas Finais

Neste livro examina-se a forma como a infância é construída através dos programas televisivos de animação para crianças, fazendo uso de uma análise triangular, considerando três agentes do processo de comunicação: os criativos, o desenho animado enquanto mensagem e os públicos. Tendo como ponto de partida o conceito 'especificidade cultural', genericamente aplicado pelos criativos numa tentativa de justificar a pertinência das produções nacionais, o trabalho de investigação aqui apresentado explorou a forma como esse conceito é codificado nos desenhos animados e a construção da infância patente nestes, bem como a apropriação destes programas pelas crianças nas suas práticas e discursos sociais e na construção das suas identidades.

A inexistência de um modelo de análise que permitisse o tratamento abrangente, pretendido, da temática obrigou à conjugação de uma variedade de abordagens teóricas recorrendo a contributos da psicologia do desenvolvimento, da sociologia da infância e do paradigma da competência, dos estudos dos *media,* da análise do discurso e dos estudos da animação. Admite-se que a pluralidade de contributos nem sempre facilitou a produção de uma análise linear, mas este é um risco que se corre ao longo de um projecto de investigação, particularmente quando se exploram novos caminhos. Contudo, os objectivos cumpriram-se e os contributos para o desenvolvimento e conhecimento das crianças enquanto públicos de televisão verificam-se a vários níveis.

A abordagem permitiu a identificação e a definição de uma categoria temática original de particular interesse para os públicos em questão: a criança em demanda. Esta definição foi conseguida pelo esforço de combinar a análise dos textos com a análise dos discursos das crianças; a estratégia de investigação permitiu, ainda, demonstrar que as visões parciais e determinísticas dos efeitos da televisão global (como as análises textuais sobre o imperialismo cultural presente nos programas e filmes da *Disney*) nem sempre serão apropriadas; as crianças que participaram neste projecto produziram leituras activas dos textos, procurando sentidos nas referências ao quotidiano.

Em diferentes contextos de criação e produção de programas de animação para crianças, as várias construções da infância emergem com semelhanças entre elas; os conteúdos são determinados não por um conhecimento aprofundado dos públicos, mas por conhecimentos técnicos e artísticos e pela necessidade de sobrevivência no mercado global. A televisão transnacional resulta de um mercado dominado por grandes grupos multinacionais capazes de ofertas relativamente baratas que originam a diminuição do investimento na produção nacional e condicionam as preferências dos públicos, para quem as diferentes características semióticas dos escassos produtos locais causam estranheza. Contudo, mesmo que a televisão global possa ser um sinónimo de imperialismo cultural, pode, também, ser um veículo para a circulação de discursos multiculturais.

A análise das narrativas de programas de animação aqui apresentada revelou semelhanças nas mensagens morais difundidas, salientando a necessidade de acreditar e lutar pelos sonhos, por mais remota que a sua concretização pareça; a amizade e o companheirismo surgem como elementos fulcrais para a conquista dos objectivos frequentemente alcançados sem a ajuda e a presença da família, apesar do respeito e admiração pelos mais velhos estarem implícitos. As entrevistas com os criativos indicam uma crença generalizada em características narrativas universais, 'verdades e emoções humanas universais', às quais qualquer criança responderá positivamente, a par da tendência para produzir programas para um grupo etário alargado e para reclamar o interesse de ambos os sexos. Nestas circunstâncias, a infância é construída como uma entidade homogénea, podendo as opções tomadas neste contexto ser problemáticas; existem diferenças ao nível do desenvolvimento psicológico por vezes observáveis em pequenos intervalos etários e que se traduzem em diferentes gostos e sensibilidades distintas relativamente aos conteúdos televisivos. A construção de uma infância homogénea tem consequências ao nível das representações dos sexos, resultando num desequilíbrio desfavorável às representações do feminino como protagonista. Em *As Navegantes da Lua*, as mulheres ocupam um lugar central, mas a sua força é afectada pela ridicularização da feminilidade; no episódio analisado, o protagonista é o Mascarado, que acaba por salvar a heroína. No conto norueguês, o Troll é uma personagem ambígua, a sua vilania é amenizada pela sua vulnerabilidade emocional, para que a história retenha o interesse dos públicos masculinos, o que afecta a personalidade de Mai, uma menina que sela o destino fatal de um Troll isolado e só. No programa português, a feminilidade é colocada na esfera doméstica, a única mulher na série é casada e prestes a ser mãe.

A especificidade cultural emergiu em todos os programas analisados, tematicamente e estilisticamente, embora se denote uma tendência para ser equacionada como folclore e contos tradicionais, ignorando elementos do contexto sociocultural das crianças e elementos como a igualdade entre sexos e as diferenças étnicas. As produções locais reflectem uma maior preocupação com a relevância cultural mas encerram uma contradição, na medida em que impõem a si próprias limites ao processo criativo e à especificidade, de modo a reterem algumas possibilidades de sucesso no mercado internacional. As produções globais, assumidamente comerciais, têm o potencial de oferta de transformações locais através da adaptação da língua, mas os significantes visuais de especificidade não podem ser alterados. A especificidade das séries *anime* é trivializada pela exploração intensa de fórmulas de sucesso, o que diminui a qualidade dos produtos e contribui para a uniformização das grelhas televisivas dedicadas às crianças. O desenho animado português explora um modo alternativo de narrativa e apresenta uma diversidade de significantes da cultura portuguesa, desde as referências históricas às pronúncias de cada personagem; o facto de as crianças nem sempre terem identificado a série como um produto português é um resultado possível da falta de contextualização da exibição do episódio, mas, também da não familiaridade com um tipo de narrativa para a infância pouco comum na televisão portuguesa.

Apesar de não interpretarem as mensagens em conformidade com o sentido pretendido pelos criativos, em relação aos elementos culturais portugueses, as crianças manifestaram uma predilecção por produções nacionais e entre os seus programas de televisão favoritos destacam-se as produções nacionais de acção real. É possível que a ausência de programas de animação portugueses afecte a percepção sobre as capacidades de produção nacionais, determinando as leituras sobre a especificidade cultural. Será interessante explorar, num futuro próximo, a forma como as representações da cultura portuguesa na programação para a infância poderão contribuir para a crença nas potencialidades e oportunidades nacionais e nas percepções de cidadania das crianças.

As histórias criadas pelas crianças sugerem que estas procuram nas personagens da televisão representações positivas da infância e, consequentemente, delas próprias. Saliente-se a tendência para criar personagens dentro da faixa etária dos seus autores e marcadas pela ausência generalizada de referências às suas origens étnicas, com a excepção do destaque dado pela menina angolana às personagens negras. Relativamente à narrativa, revelou-se uma inclinação para histórias com um grupo restrito e facilmente identificável de protagonistas, centradas nas personagens de crianças em demanda de algo e a quem se atribui autonomia e responsabilidade, com um início, desenvolvimento e desfecho simples e claros.

As construções do eu social foram reflectidas pelos discursos das crianças, que construíram as suas identidades recorrendo à polarização dos gostos femininos e masculinos, tendo as meninas demonstrado uma maior capacidade de adaptação ao universo de representações do masculino, como indicam as histórias por elas criadas em que o protagonista é do sexo masculino. As limitadas representações positivas do feminino na programação para a infância poderão ter contribuído para a normalização do herói masculino. Como sugere Messenger-Davies ([185]), as crianças têm ideias determinadas sobre os papéis sociais masculinos e femininos e sobre os gostos a eles associados, e portanto importa conhecê-los promovendo a diversidade e evitando a reprodução de representações estereotipadas.

Considerando os resultados aqui apresentados, sugere-se que futuras acções no âmbito da programação para a infância reconheçam a perspectiva das crianças enquanto público diversificado e apresentam-se alguns pontos para consideração no contexto português:

- Críticas a programas de animação deverão resultar de um esforço para conhecer a forma como as crianças se apropriam deles e os sentidos que daí derivam.
- É importante que pais e educadores compreendam o acto de ver televisão como um momento de interacção com a criança e a importância de o partilhar de forma a apreciar o relacionamento da criança com a televisão e a possibilitar diálogos sobre os seus conteúdos. Destaca-se a importância de compreender a forma como os conteúdos são integrados na interacção entre grupos de amigos, bem como a sua reinvenção através de discursos sociais e brincadeiras.
- As crianças não são um público homogéneo, a idade, o sexo e a origem étnica influenciam os gostos. Uma televisão de qualidade deve proporcio-

([185]) Messenger-Davies, M., 1989. *Television is Good for Your Kids*, London: Hilary Shipman.

nar conteúdos para os diferentes sectores do público, prestando especial atenção às representações das minorias étnicas e do feminino.

- A especificidade cultural deve ser encorajada para além do folclore e da história, contemplando referências ao quotidiano das crianças portuguesas.
- As crianças são públicos com capacidade de crítica. Estratégias de maximização de lucro através da constante repetição não são desejáveis e não contribuem para o desenvolvimento da literacia televisiva.
- A produção nacional de animação deve ser encorajada e o seu valor reside na possibilidade de explorar diferentes estilos e narrativas relevantes para os públicos.
- Atendendo ao Princípio da Cooperação, os operadores de televisão devem estar abertos ao diálogo e à partilha de informação relativa a grelhas de programação, de modo a melhorar a qualidade do serviço prestado. Sugere-se a importância de um grupo independente, formado por peritos de diferentes áreas ligadas à infância, para definir e controlar a qualidade dos programas infantis.
- Os profissionais ligados à produção e difusão de programação para a infância devem ter um conhecimento profundo sobre os seus públicos. Actividades de formação específicas em diferentes áreas dos estudos da infância poderão ser proporcionadas através da cooperação com universidades e centros de investigação.
- Finalmente, a televisão para a infância deverá estar aberta à participação activa das crianças. Alerta-se para a necessidade de a educação para os *media* integrar os currículos escolares e de incenti-

var a cooperação entre escolas e operadores de televisão, para proporcionar às crianças oportunidades de aprendizagem e de expressar as suas opiniões sobre conteúdos a elas destinados.

A relação entre os *media* e as crianças e jovens é uma temática que tem gerado um interesse crescente e intervenções específicas a nível mundial. O seguinte excerto da "Declaração dos Adolescentes", um documento apresentado em Abril de 2004, no Rio de Janeiro, no âmbito da *4.ª Cúpula Mundial de Media para Crianças e Adolescentes*, ilustra o debate:

> Mas para falar sobre a democratização da produção e do uso dos meios de comunicação, temos a responsabilidade de alertar os governos de que antes de globalizar nosso discurso, temos que globalizar o acesso à informação. E se vamos unir esforços de vários povos para que isso aconteça, mais do que modificar a mídia, vamos usá-la para acabar com a violência, a miséria e o difícil acesso à educação. Unir esforços significa lutar junto à mídia para levarmos cultura, entretenimento e educação de boa qualidade para toda a população.

O estudo aqui apresentado é um ponto de partida para a consideração e inclusão das crianças enquanto públicos, um esforço que se quer necessariamente contínuo no sentido de melhorar a qualidade da programação disponível. Prevê-se que a definição e a exploração do conceito 'especificidade cultural portuguesa' através da televisão possam contribuir para a construção de identidades sociais positivas, enaltecendo o sentido de pertença e a cidadania das crianças.

Bibliografia

Ariès, P., 1996. *Centuries of Childhood*. Londres: Pimlico.

Bandura, A., 1961. 'Transmission of aggression through imitation of aggressive models', in *Journal of Abnormal & Social Psychology*, 63, pp. 575-582.

Barker, C., 1997. *Global Television, an introduction*, Oxford: Blackwell.

Barker, M., 2001. 'The Newson Report' in Barker, M., e Petley, J. (eds.), *Ill-Effects, the media violence debate*, pp. 27-46, Londres: Routledge.

Bazalgette, C., e Buckingham, D., 1995. 'The Invisible Audience', in Bazalgette, C. and Buckingham, D., *In Front of the Children, Screen Entertainment and Young Audiences*, Londres: British Film Institute.

Bell, *et al.* (eds.), 1995. *From Mouse to Mermaid, the politics of film, gender, and culture*, Indiana: University Press.

Belton, T., 2001. 'Television and Imagination: an investigation of the medium's influence on children's story making', in *Media, Culture & Society*, Vol. 23, pp. 799-820.

Bendazzi, G., 1994. *Cartoons, one hundred years of cinema animation*, Londres: John Libbey & Company Ltd.

Berger, A., 1997. *Narratives in Popular Culture, Media and Everyday Life*, Londres: Sage.

Berger, A., 1992. *Popular culture genres, theories and texts*, Londres: Sage.

BETTELHEIM, B., 1999. 'Do children need television?', in Lohr, P., e Meyer, M., *Children, Television and the New Media*, pp. 3-7, Luton: University of Luton Press.

BETTELHEIM, B., 1976, 1991. *The uses of Enchantment, the meaning and importance of Fairy Tales*, Harmondsworth: Penguin Books.

BIGNELL, J., 1997. *Media Semiotics, an introduction*, Manchester: Manchester University Press.

BORDWELL, D., e THOMPSON, K., 1988. *The classical Hollywood cinema: film style & mode of production to 1960*, Londres: Routledge.

BOYDEN, J., 1999. 'Childhood and the policy makers: A comparative perspective on the globalization of childhood', in James, A., e Prout, A. (eds.): *Constructing and reconstructing childhood – Contemporary issues in the sociological study of childhood*, 2.ª ed., pp. 190-229, Londres: Falmer Press.

BRUNER, J., e HASTE, H., 1987. *Making sense, the child's construction of the world*, Londres: Methuen.

BUCKINGHAM, D., e SEFTON-GREEN, J., 2003. 'Gotta catch'em all: Structure, agency and pedagogy in children's media culture', in *Media, Culture & Society*, Vol. 25, pp. 379-399.

BUCKINGHAM, D., 2001. *Media Education: A Global Strategy for Development*, <http://www.ccsonline. org.uk/mediacentre/Research_Projects/UNESCO_policy.html>.

BUCKINGHAM, D., 2000a. *After the death of childhood – Growing up in the age of electronic media*, Cambridge: Polity Press.

BUCKINGHAM, D., 2000b. *The Making of Citizens, Young People, News and Politics*, Londres: Routledge.

BUCKINGHAM, D., 1999a. *Children's television in Britain: history, discourse and policy*, Londres: bfi.

BUCKINGHAM, D., 1999b. 'Studying children's media cultures: a new agenda for cultural studies', in *Research in childhood. Sociology, culture and history*, Outubro 1999, University of Southern Denmark.

BUCKINGHAM, D., 1996a. *Moving Images, Understanding Children's Emotional Responses to Television*, Manchester: Manchester University Press.

BUCKINGHAM, D., 1996b. 'Children's talk about television', in Hay, J. *et al.* (eds.), *The audience and its landscape*, Westview Press.

BUCKINGHAM, D., 1993. *Children Talking Television: The Making of Television Literacy*, Londres: The Falmer Press.
BUSHMAN, B. J., e HUESMANN, L. R., 2001. 'Effects of televised violence on aggression', in Singer, D. G., e Singer, J. (eds.), *Handbook of children and media*, pp. 223-254, Londres.
CALVERT, S., 1988. 'Television Production Feature Effects on Children's Comprehension of Time', in *Journal of Applied Developmental Psychology*, 9, pp. 263-273.
CAMPBELL, C., 1995. *Race, Myth and the News*, Londres: Sage.
CANTOR, J., 2001. 'The Media and children's fears, anxieties and perceptions of danger', in Singer, D. G., e Singer, J. (eds.), *Handbook of children and media*, pp. 207-221, Londres: Sage.
CARLSSON, U., 2000. 'Foreword', in von Feitlitzen, C., e Carlsson, U. (eds.): *Children in the New Media Landscape, Games, Pornography, Perceptions*, pp. 9-12, Gothenburg University, The UNESCO International Clearinghouse on Children and Violence on the Screen at Nordicom.
COLLINS, W. *et al.*, 1974. 'Observational Learning of Motives and Consequences from Television Aggression: A Developmental Study', in *Child Development*, 45, pp. 799-802.
CULHANE, S., 1990. *Animation from Script to Screen*, Nova Iorque: St. Martin's Press.
DAVIES, H. *et al.*, 2000. 'In the worst possible taste: Children, television and cultural value', in *European Journal of Cultural Studies*, Vol. 3(1), pp. 5-25.
DEMAUSE, L., 1992. 'The evolution of childhood', in C. Jenks, *The Sociology of Childhood*, Batsford: Batsford Academic & Educational Ltd.
D'HAENENS, L., 2001. 'Old and new media: access and ownership in the home' in Livingstone, S., e Bovill, M. (eds.), *Children and their changing media environment: a European comparative study*, pp. 53-84, Mahwah, N.J.: Lawrence Erlbaum.
DONALDSON, M., 1987. *Children's Minds*, Londres: Fontana Press.
DORFMAN, A., e MATTELART, A., 1971. *How to read Donald Duck : Imperialist ideology in the Disney comic*, New York: I.G. Editions.
DORR, A., 1986. *Television and Children*, Londres: Sage.
DOWLATABADI, Z., e WINDER, C., 2001. *Producing Animation*, Boston: Focal Press.

DROTNER, K., 2001. 'Donald seems so Danish: Disney and the formation of cultural identity', in Wasko, J. et al (eds.), *Dazzled by Disney?*, pp. 102-120, Londres: Leicester University Press.

DUNN, J., 1987. 'Understanding feelings: the early stages', in J. Buner, e H. Haste, *Making sense, the child's construction of the world*, pp. 26-40, Londres: Methuen.

DURKIN, K., e Judge, J., 2001. 'Effects of Language and Social Behaviour on Children's Reactions to Foreign People in Television', in *British Journal of Developmental Psychology*, 19, pp. 597-612.

ELLIOT, T., e ROSSIO, T., 2001. 'The following article has been approved for all audiences', in *Scr(i)pt*, pp.38-41, May/June 2001.

FAIRCLOUGH, N., 1989. *Language and Power*, Londres: Longman.

FELPERIN, L., 1997. 'Disney's *Alladin* and Orientalism', in J. Pilling: *A reader in Animation Studies*, pp. 137-142. Sydney: John Libbey & Company.

FISH, S., 2000. 'A Capacity Model of Children's Comprehension of Educational Content on Television', in *Media Psychology*, 2, pp. 63-91.

GAIO, A., 2001. *História do Cinema Português de Animação – Contributos*, Porto Capital da Cultura Europeia 2001.

GARITONANDIA, C. *et al.*, 2001. 'Media genres and content preferences' in Livingstone, S., e Bovill, M. (eds.), *Children and their changing media environment: a European comparative study*, pp. 141-158, Mahwah, N.J.: Lawrence Erlbaum.

GAUNTLETT, D., 2001. 'The worrying influences of 'media effects' studies' in Barker, M., e Petley, J. (eds.), *Ill-Effects, the media violence debate*, pp. 47-62, Londres: Routledge.

GIROUX, H., 1995. *Animating Youth: the Disneification of Children's Culture* <http://www.gseis.ucla.edu/courses/ed253a/Giroux/Giroux2.html>.

GITLIN, T., 1983, 1994. *Inside Prime Time*, Londres: Routledge.

GRIFFITHS, M., 2002. 'Pink Worlds and Blue Worlds: A Portrait of Intimate Polarity', in *Small Screens, Television for Children*, Londres: Leicester University Press.

GRIFFITHS, M., 2001. *Children's Toy Advertisements*, PhD Thesis, University of Wales at Aberystwyth.

Grisby, M., 1999. 'The social production of gender as reflected in two Japanese cultural industry products', in Lent, J. A. (ed.),

Themes and Issues in Asian Cartooning: Cute, Cheap, Mad & Sexy, pp. 183-210, Bowling Green: Bowling Green Popular Press.

GROSSBERG, L. *et al.*, 1998. *Media Making, Mass Media in a Popular Culture*, Thousand Oaks: Sage.

GROSSBERG, L., 1987. 'The in-Difference of Television', in *Screen*, vol. 28, n.º 2.

GUNTER, B., e MCALEER, J., 1997. *Children & Television*, 2.ª ed., Londres: Routledge.

HALL, S., 1999. 'Encoding, Decoding', in During, S. (ed.), *The Cultural Studies Reader*, 2.ª ed., pp. 507-517, Londres: Routledge.

HALL, S., 1996. 'Who needs identity?', in Hall, S., e du Gay, P., *Questions of Cultural Identity*, Londres: Sage.

HALL, S., 1993. 'Encoding, Decoding', in During, S. (ed.), *The Cultural Studies Reader*, pp. 507-517, Londres: Routledge.

HALL, S., 1992. 'The Question of Cultural Identity' in Hall, S. *et al.* (eds.). *Modernity and its Futures*, Cambridge: Polity Press.

HANSEN, A. *et al.*, 1998. *Mass Communication Research Methods*, Londres: Macmillan Press.

HARDEN, J. *et al.*, 2000. 'Can't talk, won't talk? Methodological issues in researching children', in *Sociological Research online*, vol. 5, n.º 2 <http://www.socresonline.org.uk/5/2/harden.html>.

HENDRICK, H., 1997. 'Constructions and Reconstructions of British Childhood: An Interpretative Survey', in James, A., e Prout, A., *Constructions and Reconstructions of Childhood: Contemporary Issues in the Sociological Study*, pp. 34-62, Londres: Falmer Press.

HODGE, B. 1990. 'Children and Television' in J. Tulloch and G. Turner (eds.), *Programmes, Pleasures, Politics*, pp. 158-245, Sydney: Allen and Unwin, Sidney.

HODGE, B., e KRESS, G., 1988. *Social Semiotics*, Londres: Polity Press.

HODGE, B., e TRIPP, D., 1996. *Children and television, a semiotic approach*, Cambridge: Polity Press.

HUESMANN, L. R., 1986. 'Psychological processes promoting the relation between exposure to media and aggressive behaviour by the viewer', in *Journal of Social Issues*, 42 (3), pp. 125-140.

HUTCHBY, I., e MORAN-ELLIS, J., 1998. 'Situating children's social competence', in *Children and Social Competence: Arenas of Action*, pp. 7-27, Londres: The Falmer Press.

ITC. 1998. *Cartoon Crazy?: Children's Perception of 'Action'.*

JAMES, A., e PROUT, A., (eds.) 1997, 2000. *Constructing and Reconstructing Childhood – Contemporary issues in the sociological study of childhood*, 2.ª ed., Londres: Falmer Press.

JAMES, A. *et al.*, 1998. *Theorizing Childhood*, Cambridge: Polity Press.

KANFER, S., 2000. *Serious Business: The art and commerce of animation in America from Betty Boop to 'Toy Story'*, New York: Da Capo Press.

KAPUR, J., 1999. 'Out of Control: television and the transformation of childhood in late capitalism', in Kinder, M. (ed.), *Kids' Media Culture*, Durham & London: Duke University Press.

KAUFMANN, S., e LOHR, P., 1999. 'Cartoons in media research', in Lohr, P., e Meyer, M.: *Children, Television and the New Media*, pp. 221-235, Luton: University of Luton Press.

KIM, S. H., e LEE, K. S., 2001. 'Korea: Disney in Korean Mass Culture', in Wasko, J. and Meehan, E. R. (eds.): *Dazzled by Disney?*, Londres, Leicester University Press.

KLINE, S., 1998. 'The making of children's culture', in Jenkins, H. (ed.), *The Children's Culture Reader*, pp. 95-109, New York: New York University Press.

KLINE, S., 1995. 'The empire of play, emergent genres of product-based animations' in Bazalgette, C., e Buckingham, D., *In front of the children: screen entertainment and young audiences*, pp. 151-165, Londres: British Film Institute.

KLINE, S., 1993. *Out of the garden: toys, TV, and children's culture in the age of marketing*, Londres: Verso.

KODAIRA, S. I., 1998. 'A review of research on media violence in Japan' in Carlsson, U., e Feilitzen, C., *Children and Media Violence*, pp. 81-105, UNESCO International Clearinghouse on Children and Violence on the Screen.

LEIFER, A., e ROBERTS, F., 1972. 'Children's responses to television violence', in Murray, J. *et al.* (eds.). *Television and social behaviour: Vol. 2 Television and social learning*, Washington DC: Government Printing Office.

LEMISH, D., 2002. 'Between Here and There: Israeli Children Living Cultural Globalization', in von Feilitzen, C., e Bucht, C. *Outlooks on Media and Children*, pp. 125-134, The UNESCO International Clearinghouse on Children, Youth and Media, NORDICOM.

LESSER, G., 1974. *Children and Television, Lessons from Sesame Street*, New York: Random House.

LIVINGSTONE, L. *et al.*, 2001. 'Childhood in Europe: Contexts for comparison', in Livingstone, S., e Bovill, M. (eds.): *Children and their changing media environment: a European comparative study*, pp. 3-30, Mahwah, N.J.: Lawrence Erlbaum.

LOW J., e DURKIN, K., 2000. 'Event knowledge and children's recall of television based narratives', in *British Journal of Developmental Psychology*, 18, pp. 247-267.

MANDELL, 1991. 'The least role in studying children', in Waksler, F. C., *Studying the social worlds of children*, Basingstoke: The Falmer Press.

MESSARIS, P., 1994. *Visual Literacy, Image, Mind & Reality*, Oxford: Westview.

MESSENGER-DAVIES, M., 2002. 'Mickey and Mr. Gumpy: The global and the universal in children's media', Paper given to conference: *Media in Transition 2: Globalisation and convergence*, Massachusetts Institute of Technology, May 10th-12th 2002.

MESSENGER-DAVIES, M., 2001. *Dear BBC. Children, television storytelling and the public sphere*, Cambridge: Cambridge University Press.

MESSENGER-DAVIES, M., e Mosdell, N., 2001. *Consenting Children? The Use of Children in Non-Fiction Television Programme,* Londres: Broadcasting Standards Commission.

MESSENGER-DAVIES, M., 1997. *Fake, Fact and Fantasy: Children's interpretations of television reality*, New Jersey: Lawrence Erlbaum Associates.

MESSENGER-DAVIES, M., 1989. *Television is Good for Your Kids*, Londres: Hilary Shipman.

MESSENGER-DAVIES, M., 1987. *An Investigation into certain Effects of Television Camera Technique on Cognitive Processing*, Unpublished PhD Thesis, Department of Psychology, North East London Polytechnic.

Murdock, G., 2001. 'Reservoirs of dogma – an archaeology of popular anxieties', in *Ill-effects, the media-violence debate*, Londres: Routledge.

Napier, S. J., 2000. *Anime, from Akira to Princess Mononoke*, New York: Palgrave.

Noble, G., 1975. *Children in front of the Small Screen*, Beverly Hills: Sage.

Pasquier, D., 2001. 'Media at home: Domestic interactions and regulation', in Livingstone, S., e Bovill, M. (eds.): *Children and their changing media environment: a European comparative study*, pp. 161-178, Mahwah, N.J: Lawrence Erlbaum.

Piaget, J., 1926, 2002. *The Language and Thought of the Child*, Londres: Routledge.

Pilling, J., 1997. *A Reader in Animation Studies*, Sydney: John Libbey & Company Pty Ltd.

Pinto, M., 2000. *A Televisão no Quotidiano das Crianças*, Porto: Edições Afrontamento.

Ponte, C., 1998. *Televisão para Crianças: O direito à diferença*, Lisboa: Escola Superior de Educação João de Deus.

Postman, N., 1994. *The Disappearance of Childhood*, New York: First Vintage Books.

Propp, V., 1968. *Morphology of the Folktale*, 2.ª ed., Austin: University of Texas Press.

Raffaelli, L., 1997. 'Disney, Warner Bros. and Japanese animation', in Pilling, J. *A reader in Animation Studies*, pp. 112--136, Sydney: John Libbey & Company.

Schriato, T., e Yells, S., 2000. *Communication and cultural literacy*, 2.ª ed., St Leonards: Allen & Unwin.

Seiter, E., e Mayer, V., 2004. 'Diversifying Representation in Children's TV: Nickelodeon's Model' in Hendershot, H. *Nickelodeon Nation*, pp. 120-133, New York & London: New York University Press.

Seiter, E., 2000. 'Gotta Catch 'Em All-Pokemon: Problems in the Study of Children's Global Multi-media' <http://www.hum.sdu.dk/center/kultur/buE/ric-papers/seiter-poke.pdf.>

Seiter, E., 1995. *Sold separately*, New Brunswick: Rutgers University Press.

Shapiro, L., e Hudson, J., 1991. 'Tell me a Make-Believe Story: Coherence and Cohesion in Young Children's Picture-Elicited

Narratives', in *Developmental Psychology*, vol. 27, n.º 6, pp. 960-974.

SHEA, J. K., 1998. 'Creating the character arc' in *Scr(i)pt*, November/December, vol. 4, nº 5, pp. 42-43, 55-56.

SHIOKAWA, K., 1999. 'Cute but deadly: Women & violence in Japanese comics' in Lent, J. A. (ed.), *Themes and Issues in Asian Cartooning: Cute, Cheap, Mad & Sexy*, pp. 93-126, Bowling Green: Bowling Green Popular Press.

SMOODIN, E., 1994. *Disney discourse, producing the magic kingdom*, New York: American Film Institute.

SOLBERG, A., 1996. 'The Challenge in Child Research: from "Being" to "Doing"', in Brannen, J. and O'Brien, M. (eds.) Children in Families: *Research and Policy*. Londres: Falmer Press, pp. 325-335.

STEINBERG, S. and KINCHELOE, J., (eds.) 1997. *Kinderculture: The corporate construction of childhood*, Boulder: Westview.

THORNBORROW, J., 1998. 'Children's participation in the discourse of children's television', in *Children and Social Competence: Arenas of Action*, pp. 134-153, Londres: The Falmer Press.

TOBIN, J., 2002. 'Pikachu's Global Adventure', in von Feilitzen, C., e Bucht, C. *Outlooks on Media and Children*, pp. 53-68, The UNESCO International Clearinghouse on Children, Youth and Media, NORDICOM.

TOMLINSON, J., 1991. *Cultural Imperialism*, Londres: Printer Publishers.

TUDOR, A., 1999. *Decoding Culture – Theory and method in cultural studies*, Londres: Sage.

TUFTE, B., 1999. 'Girls' and boys' media culture, two different worlds?', paper presented on the conference *Research in Childhood – Sociology; Culture and History*, Outubro 1999, Dinamarca <http://www.hum.sdu.dk/center/kultur/buE/ric-papers/tufte-media.pdf>.

TULLOCH, J., 2000. *Watching Television Audiences: Cultural Theories and Methods*, Londres, Arnold.

TUNSTALL, J., 1993. *Television Producers*, Londres: Routledge.

VALKENBURG, P. M., e JANSSEN, S. C., 1999. 'What do children value in entertainment programmes? A cross-cultural investigation', in *Journal of Communication*, vol. 49, n.º 2, pp. 3-21.

VAN DEN BROEK, P. *et al.*, 1996. 'Children's and Adults' Memory for Television Stories: The Role of Casual Factors, Story-

-Grammar Categories, and Hierarchical Level', in *Child Development*, 67, pp. 3010-3028.

VON FEILITZEN, C., e BUCHT, C., 2002. *Outlooks on Media and Children*, The UNESCO International Clearinghouse on Children, Youth and Media, NORDICOM, Gotemburgo University.

WARNER, M., 1994. 'Little angels, Little Devils: Keeping childhood innocent', in *Media Communication Journal*, n.° 16, pp. 3-10.

WARTELLA, E. *et al.*, 1998. 'Children and Television Violence in the US' in Carlsson, U., e Feilitzen, C., *Children and Media Violence*, pp. 55-62, UNESCO International Clearinghouse on Children and Violence on the Screen.

WASKO, J. *et al.*, (eds.) 2001. *Dazzled by Disney?*, Londres: Leicester University Press.

WELLS, P., 2003. 'Smarter than the average art form: Animation in the television era', in Stabile, A., e Harrison, M. (eds.), *Prime Time Animation: Animation and American Culture*, pp. 15-32, Londres: Routledge,

WELLS, P., 2002. 'Tell Me about Your Id, When You Was a Kid, Yah!', in Buckingham, D. (ed.): *Small Screens, Television for Children*, pp. 61-95, Londres: Leicester University Press.

WELLS, P., 2001. 'Children's Cartoons', in Creeber, G. (ed.), *The Media Genre Book*, Londres, British Film Institute.

WELLS, P., 1998. *Understanding Animation*, Londres: Routledge.

WESCOTT, T., 2002. 'Globalisation of children's TV and strategies of the "Big Three"' in von Feilitzen, C., e Carlsson, U., *Children, Young People and Media Globalisation*, The UNESCO International Clearinghouse on Children, Youth and Media, NORDICOM.

WILLIAMS, P., 1998. 'Getting the Bug's out' in *Scr(i)pt*, November/ /December, vol. 4, n.° 5, pp. 32-36, 54-55.

WIMMER, R. D. and DOMINICK, J. R., 2000. *Mass Media Research, An Introduction*, 6.ª ed., Belmont: Wadsworth.

WINN, M., 1986. *The Plug-Inn Drug*, Harmondsworth: Penguin.

WOODHEAD, M., 2000. 'Psychology and the cultural construction of children's needs', in James, A., e Prout, A. (eds.). *Constructing and Reconstructing Childhood – Contemporary issues in the sociological study of childhood*, 2.ª ed., pp. 63-77, Londres: Falmer Press.

ZANKER, R., 2002. 'Tracking the Global in the Local: On Children's Culture in a Small National Media Market', in von Feilitzen, C., e Carlsson, U., *Children, Young People and Media Globalisation*, The UNESCO International Clearinghouse on Children, Youth and Media, NORDICOM.

ZIPES, J., 1995 'Once upon a time beyond Disney', in Bazalgette, C., e Buckingham, D. *In front of the children: screen entertainment and young audiences*, pp. 109-126, Londres: British Film Institute.

ZIPES, J., 1983, 1991. *Fairy Tales and the Art of Subversion*, New York: Routledge.

Índice Onomástico

Índice de Quadros

Índice

Segunda Parte

ANIMAÇÃO PARA A INFÂNCIA: CRIAÇÃO, DISCURSOS, USOS

Manual para Pais
Cujos Filhos Vêem Demasiada
Televisão
Serge Tisseron
158 pp. • 11,00 €

Acompanhar as nossas crianças na descoberta das imagens não é uma escolha, é uma necessidade. As crianças estão mergulhadas cada vez mais cedo nos livros, nos cartazes publicitários e, claro, na televisão. E quer os pais falem ou se calem, é sempre a partir das suas reacções que as crianças constroem as sua referências.

Este guia não se contenta com dar uma lista de respostas, propõe também pistas – e chamadas de atenção – para que os pais e as crianças aproveitem, em conjunto, as imagens. Porque as imagens são para pais e filhos uma ocasião formidável de estar próximos.

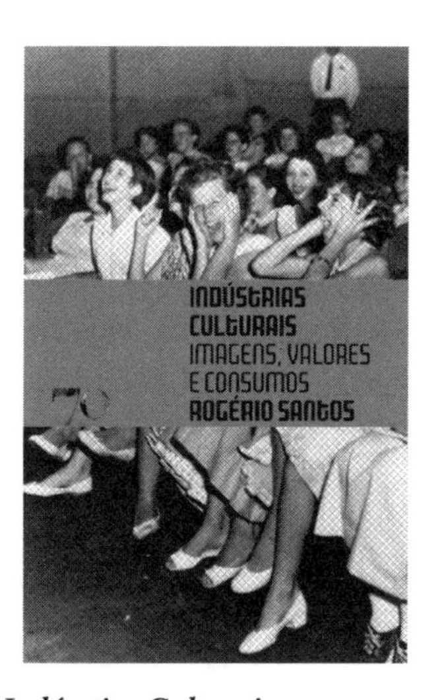

Indústrias Culturais
Imagens, Valores e Consumos
Rogério Santos
384 pp. • 22,00 €

Tendo como livro ponto de partida o blogue *Indústrias Culturais,* espaço que o autor alimenta diariamente e onde observa e comenta a realidade dos acontecimentos, o livro resulta do cruzamento de vários caminhos teóricos e práticos, como a reflexão a partir do texto fundador de Adorno e Horkheimer sobre indústrias culturais e a análise destas actividades com especialistas e estudantes universitários. Inclui-se também a compreensão dos grupos receptores: audiências de televisão, consumidores de centros comerciais, fãs de bandas musicais ou jogos como o Sudoku.